금식
기도학교

기도훈련학교 시리즈 1

금식 기도학교

당신은 기도의 용사입니다!

이영훈 지음

CGW

• 프롤로그 •

금식기도는 하나님께 대한 절대긍정의 신앙을 표현하는 강력한 영적 수단입니다. 예수님께서 "나의 원대로 마시옵고 아버지의 원대로 하옵소서"마 26:39라고 기도하신 것처럼, 참된 기도란 나의 뜻이 아니라 하나님의 뜻이 이루어지기를 간구하는 것입니다. 금식을 한다는 것은 음식의 절제를 통하여 나의 정욕을 십자가에 못박는 훈련의 과정입니다. 이 과정을 통하여 나의 생각과 영혼의 불순물을 제거하고 하나님의 뜻과 사명에 대한 절대긍정의 영성이 개발됩니다.

금식기도는 전적으로 하나님의 도우심과 은혜를 사모하는 기도입니다. 또 금식기도는 하나님의 권능과 기적을 일으키는 강력한 수단이 될 수 있습니다. 예수님도 귀신 들린 아이를 고치실 때에 "할 수 있거든이 무슨 말이냐 믿는 자에게는 능히 하지 못할 일이 없느니라"막 9:23고 하시면서 "기도 외에 다른 것으로는 이런 종류가 나갈 수 없느니라"막 9:29고 말씀하셨습니다. 어떤 사본에는 "기도와 금식 외에"라고 기록되었는데, 이는 기도와 금식이 일상적으로 함께 이루어진 예수님 시대의 영성을 반영합니다.

이번에 집필한 『금식기도학교Fasting Prayer School』는 기도훈련학교 시리즈의 하나의 과정입니다. 영적인 부흥과 교회 부흥의 열쇠는 기도 부흥에 있습니다. 이스라엘의 역사를 보면 금식하며 기도할 때마다 놀라운 부흥이 일어났습니다. 이 교재는 금식기도의 이론과 실제에 대해 다룬 것으로 총 8강으로 구성되어 있습니다. 각 강의마다 도입 예화와 금식기도지수FPQ의 자가 측정, 그리고 주제 강의와 소그룹 나눔 및 과제를 제시했습니다. 교회 내 교육 기관, 소그룹, 신학교 등에서 믿음의 동역자들과 함께 그룹을 만들어 기도 실습 및 훈련 교재로 활용하시기 바랍니다.

오늘날에도 음식을 금하며 전심으로 기도하는 것은 하나님께 의롭게 열납되어 큰 능력을 발휘합니다약 5:16. 금식기도를 통해 하늘의 풍요한 은혜와 하나님의 사명을 새롭게 하기를 바랍니다. 이 교재를 통해 올바른 금식기도의 영성을 훈련받아 하나님의 위대한 기적을 체험하고 증거하는 사명자들이 되시길 바랍니다.

여의도순복음교회 담임목사

이 영 훈

교재 활용 방법

학습 목표

① 성경적 원리에 따라 금식기도에 대한 내용을 기록하고 내면화합니다.
② 보혜사 성령의 도우심을 의지하며 지속적인 기도와 묵상을 통해 금식기도의 태도를 갖춥니다.
③ 금식기도의 성경적 원리를 깨닫고 삶 속에 적용합니다.
④ 소그룹 구성원과 함께 공부하고 교제함으로써 금식기도의 영성을 통해 이 땅에 하나님 나라 공동체를 세워갑니다.
⑤ 금식기도의 영성을 갖춘 하나님 나라의 일꾼이 됩니다.

내용 구성

《금식기도학교》는 각 장마다 6개의 파트로 구성되어 있습니다.

1 도입 예화 및 묵상	2 FPQ금식기도지수 체크리스트	3 성경과의 만남
4 주제 강의	5 소그룹 워크숍	6 금식기도의 선포

활용 방법

① 도입 예화 및 묵상

도입 예화를 읽고 묵상해 보십시오. 각자 느낀 점을 자유롭게 기록해 봅시다. 그리고 묵상 질문을 통해 나에게 주신 깨달음과 감동을 나누어 봅시다.

② FPQ금식기도지수 체크 리스트

각 장마다 금식기도에 대한 5개의 체크 리스트 문항이 있습니다. 각 문항을 읽고 체크한 후, 금식기도에 대한 자신의 모습을 점검해 봅시다.

③ 성경과의 만남

금식기도와 관련한 해당 강의 주제에 따른 성경 공부를 하는 시간입니다. 성경 본문을 읽고 자유롭게 묵상한 뒤, 교재가 제시하는 5가지 질문을 참고하여 한 번 더 본문을 묵상하고 답을 적어 봅니다. 이후 나에게 주시는 깨달은 바를 나누어 보십시오.

교재 활용 방법

활용 방법

④ 주제 강의

금식기도와 관련한 강의 주제를 공부합니다. 금식기도의 의미와 목적, 금식기도의 유익, 성경적 금식기도 사례, 금식기도의 유형 1온전한 금식, 간헐적 금식, 금식기도의 유형 2다니엘의 부분 금식, 부분 금식, 금식기도의 지혜와 방법, 금식기도의 응답, 금식기도 후 보호식과 관리에 대해 배웁니다. 내용과 더불어 각 문단에서 제시된 성경 구절을 찾아보고, 함께 묵상하며 연구하면 도움이 됩니다. 소단락마다 제시된 적용 질문에 대한 생각도 함께 나누어 봅시다.

⑤ 소그룹 워크숍

금식기도에 대하여 해당 주제 강의에서 배운 내용을 소그룹에서 나누는 시간입니다. 강의를 통해 새롭게 알게 된 내용과 느낀 점을 구성원들과 함께 나누어 봅니다. 오늘의 과제를 성실히 수행하고 다음 시간에 점검하며, 함께 기도의 시간을 갖습니다.

활용 방법

⑥ 금식기도의 선포

금식기도와 연관된 말씀을 매주 암송하십시오. 각 장에서 배운 내용과 함께 깨달음을 자신의 말로 간결하게 정리하여 선포합니다. 이후 큰 소리로 교재 안의 금식기도 선포문을 구성원들과 함께 외치고, 그날의 명언도 묵상합니다. 매주 주어진 그날 배운 말씀과 깨달음을 통해 한 주간 어떻게 믿음으로 살아야 할지 다짐하고 기록합니다.

이 교재에 따라 기도하며 실천하는 모든 분은 금식기도의 은혜를 삶에서 누리는 '기도의 사람'으로 변화되어 갈 것입니다. 금식은 단순한 절제가 아니라 하나님께 더 깊이 나아가는 영적 여정입니다. 이제 《금식기도학교》 입학 서약서를 작성하고 학습 여행learning journey을 함께 시작해봅시다.

입학 서약서

나는《금식기도학교》훈련생으로서 하나님 앞에서 다음과 같이 서약하기 원합니다.

1. 나는《금식기도학교》교육이 진행되는 동안 부정적인 생각이나 말은 그 어떤 것이라도 하지 않고, 금식의 영성에 집중하도록 최대한 노력하겠습니다.
2. 나는 결석이나 지각을 하지 않고《금식기도학교》훈련에 성실하게 참여하겠습니다.
3. 나는 금식기도FPQ 체크 리스트를 정직하게 작성하고 솔직하게 나 자신을 평가하겠습니다.
4. 나는 교재에 나타난 성경 구절들을 성실하게 묵상하고 공부하겠습니다.
5. 나는 주어진 과제와 성구 암송도 성실하게 수행하겠습니다.
6. 나는 함께 배우는 수강생들을 서로 격려하며 긍정의 에너지로 긍정 공동체를 만들도록 노력하겠습니다.
7. 나는 이 학교를 통하여 금식기도의 용사가 되도록 꿈을 품고 노력하겠습니다.

년　　월　　일

이름 :　　　　　　(인)

Contents

Fasting Pr

01

금식기도의 의미와 중요성

yer School

01 금식기도의 의미와 중요성

지난 2002년, 영국 BBC 방송이 영국인 100만 명을 대상으로 설문 조사를 실시했는데, 설문 내용은 "영국 역사상 가장 위대한 지도자는 누구인가?"라는 것이었습니다. 이 조사에서 1위를 차지한 인물은 영국 수상을 지냈던 윈스턴 처칠Winston Leonard Spencer Churchill이었습니다. 하지만 그의 학창 시절 생활기록부에는 "품행이 나쁘고 믿을 수 없는 아이, 희망이 전혀 없으며 다른 아이들과 싸움질만 일삼는 문제아"라고 적혀 있었고, 성적도 겨우 낙제를 면할 정도에 불과했습니다. 더욱이 그는 3수 끝에 샌드허스트 육군사관학교에 입학했습니다.

하지만 그는 영국의 대문호 윌리엄 셰익스피어William Shakespeare를 제치고 영국인들이 가장 존경하는 인물의 자리를 차지했습니다. 그러한 영광은 어디에서 온 것일까요? 그러한 영광의 비결은 그가 철저히 금식하며 기도하는 사람이었다는 것입니다. 처칠은 전쟁터에서나 국회에서 늘 머리를 숙이고 하나님께 도움을 구하는 지도자였고, 그럴때마다 금식하며 기도했습니다. 그러한 기도의 삶에서 믿음의 용기가 솟아났고, 후일 그의 기도와 믿음이 그로 하여금 영국 역사상 가장 존경 받는 인물의 자리를 차지하게 만들었던 것입니다. 하나님은 기도하는 사람에게 한없는 능력을 주시는 분이며, 그러한 하나님께 기도한 덕분에 처칠은 '희망이 없던 소년'에서 영국 국민들에게 '희망을 주는 지도자'로 변화하였습니다.

묵상 윈스턴 처칠은 중요한 순간마다 금식하고 기도하며 하나님의 도움을 구했습니다. 나에게 금식기도는 어떤 의미가 있는지 살펴봅시다.

금식기도지수
체크 리스트

Fasting Prayer Quotient Check List

당신의 금식기도지수FPQ는?

아래의 문항을 읽고 나에게 해당하는 것을 체크해 보세요. ☑

① 금식기도를 하는 의미와 목적을 분명히 알고 있는가?	☐
② 금식기도를 통해 하나님의 사랑을 체험한 경험이 있는가?	☐
③ 금식기도의 과정 가운데 하나님의 보호하심을 믿는가?	☐
④ 성경 말씀에 근거해서 금식기도를 했는가?	☐
⑤ 금식기도를 통해 개인적·사회적으로 회복된 경험이 있는가?	☐

나에게 해당하는 문항은 몇 개인가요? ______ 개

체크하지 못한 문항의 내용을 다시 점검하고,
앞으로 이를 적용할 수 있는 방법을 생각해 봅시다.

성경과의 만남

마태복음 6장 16절에서 18절까지 읽어보십시오.

16 금식할 때에 너희는 외식하는 자들과 같이 슬픈 기색을 보이지 말라 그들은 금식하는
것을 사람에게 보이려고 얼굴을 흉하게 하느니라 내가 진실로 너희에게 이르노니 그들
은 자기 상을 이미 받았느니라 17 너는 금식할 때에 머리에 기름을 바르고 얼굴을 씻으라
18 이는 금식하는 자로 사람에게 보이지 않고 오직 은밀한 중에 계신 네 아버지께 보이게
하려 함이라 은밀한 중에 보시는 네 아버지께서 갚으시리라

1. 외식하는 금식의 특징은 무엇입니까? 16절

2. 사람에게 보이는 금식과 하나님 앞에서 행하는 금식의 차이는 무엇입니까? 16절

3. 금식할 때 외모를 평상시와 동일하게 유지하는 이유는 무엇일까요? 17절

4. 은밀한 중에 우리의 마음을 감찰하시는 하나님 앞에 온전한 금식이란 무엇입니까? 18절

5. 은밀한 중에 보시는 하나님께서 갚아주신다는 의미는 무엇일까요? 18절

금식기도의 의미와 중요성

일반적으로 금식이란 신체적인 단식을 의미하지만, 그리스도인의 금식에는 영적인 의미도 담겨 있습니다. 금식기도는 하나님의 백성이 하나님 앞에서 스스로를 겸비하는 수단이며, 전적으로 하나님만 의지하겠다는 마음을 시인하는 것입니다. 이는 하나님의 뜻을 분별하고 하나님께서 인도하시는 대로 살아가도록 함으로써 하나님께서 우리의 삶에 대하여 갖고 계시는 놀라운 계획을 이루는 초석이 됩니다. 그러므로 금식의 여부가 중요한 것이 아니라 하나님을 구하고 찾는 것이 더 중요합니다.

1. 금식기도의 의미

1) 금식의 일반적 의미

금식禁食의 한자어를 풀이하면 그것은 의도적으로 음식을 섭취하지 않는 행위를 뜻합니다. 금식을 지칭하는 히브리어 단어 '촘צום'은 먹지 않음을 의미하고, 헬라어 단어 '네스테이아νηστεία' 역시 음식 섭취를 중단함을 뜻합니다. 대부분의 사람들은 금식을 좋아하지 않는데, 그것은 음식을 공급하여 건강을 유지하는 것과 정반대 행위이기 때문입니다.

하지만 일상생활에 있어서도 금식을 해야 하는 경우가 있습니다. 혈액검사 또는 위와 대장의 내시경 검사를 위해서는 금식을 통해 공복을 유지해야 합니다. 특히 전신 마취를 요구하는 외과 수술을 앞둔 경우에도 음식물이 기도로 넘어가는 것을 방지하고, 위와 장에서 이물질에 의한 감염을

막기 위해 금식을 권장합니다. 이는 건강 유지를 위한 과정적 절차이므로 오히려 장기적으로 볼 때 신체 건강에 유익을 줍니다.

2) 금식기도의 영적 의미

그리스도인에게 금식은 일반적 의미의 단순한 금식보다 훨씬 깊은 영적 의미를 가집니다. 신앙을 가진 이는 그저 음식 섭취를 금지하는 것이 아니라 특별한 의도를 가지고 기도하며 금식하기 때문입니다. 하나님은 마음을 감찰하시고잠 21:2, 모든 의도를 다 아시며대상 28:9, 우리에게 쉬지 말고 기도하라고 말씀하십니다살전 5:17-18. 기도란 내가 원하는 것을 하나님께 요구하는 것이 아니라, 하나님께서 원하시는 것을 내 삶을 통해 이루어달라고 요청하는 것이기 때문입니다.

하나님은 하나님의 뜻대로 구하면 들으시고요일 5:14, 성령이 함께 중보하십니다롬 8:27. 그래서 예수님도 먼저 그의 나라와 그의 의를 구하라고 말씀하셨습니다마 6:33. 그러므로 온전한 금식기도는 나의 자아와 욕심, 교만과 불순종을 회개하고, 하나님께 감사하고 찬양하며 마음의 깊은 소원과 하나님의 뜻을 아뢰는 기도여야 합니다.

Q 우리가 기도할 때 성령 안에서 기도해야 하는(엡 6:18), 이유가 무엇인지 묵상해 봅시다.

2. 금식기도의 중요성

1) 영적 성장의 초석

습관은 일상생활에서 형성되며, 식습관은 우리의 육체적 건강을 좌우합니다. 의학 저널 「랜싯The Lancet」에 실린 한 연구에서 식습관이 조기 사망과 어떤 상관관계가 있는지 조사한 결과, 전 세계에서 매년 발생하는 사망의 5분의 1이 식습관과 연관된 것으로 확인됐습니다. 사망 위험을 높이는 식습관은 소금의 과다 섭취와 통곡물·과일·견과류·채소·해산물·식이섬유 섭취 부족이었습니다. 연구를 진행한 미국 워싱턴대학교 크리스토퍼 머레이Christopher J. L. Murray 교수팀은 식습관이 전 세계 건강에 지대한 영향을 미친다는 것을 발견했다며 건강한 식습관을 유지하는 게 중요하다고 설명했습니다.

영적인 건강 역시 영적 습관에 의해 좌우됩니다. 그러므로 자신의 영적 생활에 있어서 어떤 습관을 가지고 있는가, 그 습관은 건강한 것인가를 점검하는 것이 필요합니다. 건강한 영적 습관을 갖기 위하여 지혜를 구하면 하나님께서 기꺼이 도와주십니다약 1:5-8.

금식의 중요한 목적은 기도에 더 많은 시간을 할애하며, 다른 모든 활동을 멈추고 오직 하나님만을 구하는 열정으로 이어지게 하는 데 있습니다. 따라서 금식기도는 영적 성장의 중요한 기반이 됩니다.

2) 개인의 신앙의 회복

기독교는 체험의 종교입니다. 예수님을 믿어서 영원한 생명을 얻는 것뿐만 아니라 신앙생활을 통해 이 땅의 삶에서도 좋으신 하나님의 은혜를 체험하는 것이 그리스도인의 특권이기 때문입니다. 특히 금식기도는 믿음을 굳건히 함으로써 우는 사자와 같이 두루 다니며 삼킬 자를 찾는 사탄의 공격을 막습니다벧전 5:8-9. 그러한 금식기도의 믿음은 우리에게 "죽으면 죽으리이다"에 4:16라고 고백할 수 있는 담대한 용기를 주고, 하나님의 능력이 가까이 나타나도록 합니다신 4:7.

금식기도는 복음의 은혜가 말로만이 아니라 능력과 성령과 큰 확신으로 임하도록살전 1:5 함으로써 개인의 신앙적 회복을 이끕니다. 금식을 통해 물과 음식은 물론 인간 삶을 영위하는 데에 필요한 모든 것이 하나님께 의존하고 있음을 깨달아서 인간의 실존적 한계를 인식합니다. 또한 금식기도를 통해 하나님의 뜻을 구하는 가운데롬 12:1-2 하나님의 위대하심을 깨닫습니다. 그 과정에서 개인의 신앙이 회복되고, 믿음의 기반이 든든해집니다.

3) 신앙 공동체의 회복

신앙 공동체인 교회는 성령의 위로로 수가 많아지고, 평안하여 든든히 서게 됩니다행 9:31. 초대교회가 세워지는 과정에서 금식은 지도자들을 세우는 일을 위하여 하나님께 기도한 것과 연관되어 나타납니다. 안디옥 교회의 선지자들과 교사들은 금식하며 기도한 후에 바울과 바나바를 따로 세워 선교사로 파송하였고행 13:1-3, 파송된 바울과 바나바는 각 교회에서 장로들을 택하여 금식기도하며 그들을 지도자로 세웠습니다행 14:23.

4) 나라와 민족의 회복

하나님은 이사야 선지자를 통해 참된 금식의 의미를 일깨워 주셨습니다. 그것은 흉악의 결박을 풀어 주며 멍에의 줄을 끌러 주며 압제당하는 자를 자유하게 하며 모든 멍에를 꺾는 것입니다사 58:6. 더 나아가 주린 자에게 양식을 나누어 주고, 유리하는 빈민을 집에 들여 대접하며, 헐벗은 자를 입히고, 골육을 모른 체하지 않는 것임을 일깨워 주셨습니다사 58:7.

이사야를 통해 선포된 하나님의 말씀은 근본적인 금식의 목적이 개인과 사회 전체를 아우르는 영적 회복을 실현하는 데 있음을 강조합니다. 이는 금식의 진정성은 단지 음식을 금하는 개인적 차원이 아니라, 사회적 약자인 고아, 과부, 외국인, 가난한 자, 압제받는 자를 돕는 하나님의 사랑과 정의를 실천하는 데 있다는 의미입니다.

또한 금식기도는 나라와 민족을 회복시키는 강력한 근원으로 작용합니다. 모세는 출애굽한 이스라엘 백성들을 위한 십계명을 받을 때 40일간 금식했고출 34:28, 블레셋의 침략의 위협 앞에서 미스바에 모여 함께 기도하여삼상 7:6 승리를 얻었습니다삼상 7:10. 남유다의 여호사밧 왕 역시 모압과 암몬, 마온 사람들이 공격해 왔을 때 두려워하여 금식을 선포하고 기도하자대하 20:1-3, 하나님께서 그들로 하여금 서로 공격해서 멸망하게 하셨습니다대하 20:22-23.

Q 내가 생각하는 금식기도의 이유는 무엇입니까?
(cf. 마 4:1-17; 막 9:14-29)

적용을 위한 다짐과 실천

① 지난 한 주간 동안 나에게 베푸신 하나님의 은혜에 대하여 나누어 봅시다.

② 지금까지 '금식기도의 의미와 중요성'에 대해 공부했습니다. 오늘 공부에서 느끼고 깨달은 바를 함께 나누어 봅시다 sharing time.

③ 금식기도 중에 내가 경험한 하나님의 은혜에는 어떤 것들이 있었는지 나누어 봅시다.

④ 오늘날 금식기도의 능력이 사회에서 드러나도록 하기 위해서 어떤 조치가 필요할까요?

⑤ 금식기도를 통해 회복을 얻는 것이 왜 중요한지 생각해 봅시다.

오늘의 과제 온전한 금식기도의 목적이 무엇인지 깊이 묵상하고, 내가 실천할 수 있는 구체적인 계획을 글로 작성해 봅시다.

암송 구절

"모세가 여호와야훼와 함께 사십 일 사십 야를 거기 있으면서
떡도 먹지 아니하였고 물도 마시지 아니하였으며
여호와야훼께서는 언약의 말씀
곧 십계명을 그 판들에 기록하셨더라"

출애굽기 34:28

"Moses was there with the LORD forty days and forty nights
without eating bread or drinking water.
And he wrote on the tablets the words of
the covenant—the Ten Commandments."

Exodus 34:28

금식기도 선포문

나는 금식기도를 통해
하나님과 더 깊은 교제를 나누며,
하나님의 놀라운 계획을 이루어 갈 것입니다!

묵상 명언

구원받은 하나님의 자녀들이
그 권세와 능력 가운데 살지 못하는 이유가 있다.
그들이 너무 많이 먹고 너무 많이 마시고 너무 많이 자면서,
너무 적게 금식하며 너무 적게 기도하기 때문이다.

윌리엄 브램웰 William Bramwell

Fasting Pr

02

금식기도의 유익

yer School

02 금식기도의 유익

1861년 4월 12일, 미국에서는 흑인 노예 제도를 종식시키기 위해 남북 전쟁American Civil War이 시작되었는데, 시간이 지날수록 전세는 노예 해방을 주장하는 북군에게 불리해졌습니다. 당시 대통령이었던 아브라함 링컨Abraham Lincoln은 전쟁의 위기 가운데 1861년 9월 26일, 1863년 4월 30일, 1864년 8월 4일 등 세 차례에 걸쳐 전 국민을 대상으로 국가 금식기도일을 선포했습니다. 특히 2차 국가 금식기도일은 남북 전쟁의 전세를 역전시키는 분수령이 되었는데, 링컨은 2차 국가 금식기도일 선포문에서 모든 국민이 하나가 되어 기도함으로써 분열되어 고통당하는 나라를 평화와 화합으로 회복하자고 요청했습니다.

2차 국가 금식기도일 2개월 뒤, 남북 전쟁 중 최대 격전이었던 게티즈버그 전투Battle of Gettysburg가 벌어졌는데, 당시 남군은 로버트 리 장군Robert E. Lee이 수도 워싱턴 D.C.를 함락시키기 위해 병력을 최대로 동원해 공격했습니다. 하지만 국가 금식기도일을 선포한 북군은 게티즈버그 전투에서 승리를 거두었고, 이를 기점으로 최종적인 승리와 노예 해방을 이루었습니다. 이후 게티즈버그 전쟁터를 찾아간 링컨 대통령은 전몰자를 추모하는 자리에서 '국민의of the people', '국민에 의한by the people', '국민을 위한for the people' 정부라는 현대 민주주의의 정의를 선포하는 위대한 연설을 남겼습니다. 이처럼 금식은 개인의 유익뿐만 아니라 국가적인 하나님의 구원 역사를 제공합니다.

묵상

아브라함 링컨은 위기 속에서 금식기도로 하나님의 도움을 구했습니다. 지금 나에게 금식기도가 필요한 순간은 언제인지 생각해 봅시다.

금식기도지수 체크 리스트

Fasting Prayer Quotient Check List

당신의 금식기도지수FPQ는?

아래의 문항을 읽고 나에게 해당하는 것을 체크해 보세요. ☑

① 하나님께서 기뻐 받으시는 금식기도가 무엇인지 알고 있는가?	☐
② 금식기도가 육체와 영혼을 살리는 행위임을 확신하는가?	☐
③ 금식기도를 통해 인간의 유한함과 죄성을 회개했는가?	☐
④ 참된 금식을 위해 하나님 앞에 자신을 겸비했는가?	☐
⑤ 금식기도를 통해 마음의 평안과 질병의 치유 경험이 있는가?	☐

나에게 해당하는 문항은 몇 개인가요? ______ 개

체크하지 못한 문항의 내용을 다시 점검하고,
앞으로 이를 적용할 수 있는 방법을 생각해 봅시다.

성경과의 만남

이사야 58장 6절에서 9절 상반절까지 읽어보십시오.

6 내가 기뻐하는 금식은 흉악의 결박을 풀어 주며 멍에의 줄을 끌러 주며 압제 당하는 자
를 자유하게 하며 모든 멍에를 꺾는 것이 아니겠느냐 7 또 주린 자에게 네 양식을 나누어
주며 유리하는 빈민을 집에 들이며 헐벗은 자를 보면 입히며 또 네 골육을 피하여 스스로
숨지 아니하는 것이 아니겠느냐 8 그리하면 네 빛이 새벽 같이 비칠 것이며 네 치유가 급
속할 것이며 네 공의가 네 앞에 행하고 여호와야훼의 영광이 네 뒤에 호위하리니 9 네가 부
를 때에는 나 여호와야훼가 응답하겠고 네가 부르짖을 때에는 내가 여기 있다 하리라

1. 참된 금식의 의미는 무엇입니까? 6절

2. 하나님께서 기뻐 받으시는 금식기도의 모습은 어떤 것입니까? 6-7절

3. 금식기도에 수반되는 믿음의 행위가 중요한 이유는 무엇입니까? 6-7절

4. 온전한 금식기도와 공의 사이에는 어떠한 상관관계가 있습니까? 8절

5. 하나님께 열납되는 금식기도의 결과는 무엇입니까? 8-9절

금식기도의 유익

음식은 하나님께서 우리에게 주신 것이므로 감사함으로 받으면 되는 것입니다딤전 4:3-5. 하지만 특별한 목적을 가지고 행하는 금식은 자기를 부인하는 행동인 동시에 자신의 존재적 근원이 음식이 아니라 하나님이심을 고백하는 것입니다. 이는 궁극적으로 자신의 육체와 영혼을 살리는 행위입니다. 구체적으로 금식기도는 하나님과의 친밀한 관계를 회복하게 하고 욘 3:5, 성령께서 주시는 지혜를 얻게 하며단 9:22, 10:12, 사탄의 권세를 무너뜨립니다마 4:1-11.

1. 금식기도의 신체적 유익

1) 신체 기관의 휴식 및 강화

금식은 소화 기관에 휴식을 제공하고, 심장에 낀 지방질을 제거하고 담액질을 분해합니다. 3일 이상의 금식은 장기 내에서 영양의 흡수를 담당하는 융털을 정화하여 흡수율을 높이고, 숙변을 제거하며 장기의 탄력을 회복합니다. 산성 물질이 금식을 통해 배출됨으로써 산성 체질이 개선되고, 호르몬 분비가 정상화되며, 백혈구가 증가하여 면역력이 증진됩니다. 또한 음식을 섭취하지 않기 때문에 위장에 주입되어 소화를 도와야 할 혈액이 두뇌로 공급되므로 뇌의 혈류가 개선되어 집중력과 암기력 등 인지 기능이 개선됩니다.

2) 독소의 배출

금식은 몸 안에 있는 각종 노폐물과 독소를 배출함으로써 신체가 건강함을 회복하도록 합니다. 인간의 신체는 금식하는 동안 활력을 유지하기 위하여 지방 세포에 저장된 에너지를 사용하는데, 그 과정에서 발생하는 노폐물이 수분을 통해 배출되기 때문입니다. 특히 카페인과 중금속 등 배설이 되지 않고 신체에 축적되는 유해물질이 금식을 통해 배출됩니다. 이는 자동차의 엔진을 비롯한 주요 기관들이 세척되어 새 차의 성능을 발휘하게 되는 것과 같습니다. 금식 기간에 따라 다소 차이는 있지만 금식하는 동안 신체의 독소가 대소변, 땀 등을 통해서 빠져나가기 때문에 신진대사가 원활하게 되어 신체 기능이 회복되고, 그 결과 피부도 깨끗해집니다.

3) 질병의 치료

금식의 결과 암세포와 각종 세균에 대한 영양분 공급이 저하되어 종양이 사라지는 한편, 백혈구가 증가됨에 따라 면역력이 강화되어 질병을 이기게 합니다. 신진대사가 원활하게 되고 부신 피질 호르몬이 방출되므로 세포의 기능이 활성화되고, 혈액이 맑아지기 때문에 질병 치료 기능이 강화됩니다. 더욱이 금식과 병행하는 기도를 통해 여호와야훼 '라파출 15:26' 되시는 하나님의 은혜를 체험할 수 있습니다.

Q 그리스도인들이 병이 낫기를 위하여 서로 기도해야 하는(약 5:14-16) 이유가 무엇인지 묵상해 봅시다.

2. 금식기도의 정신적 유익

1) 인간의 유한성 인식

금식기도는 인간의 육체가 질그릇에 불과하다는 사실고후 4:7을 깨닫게 함으로써 피조물로서 인간 존재의 유한성을 인식하게 합니다. 하지만 동시에 하나님의 형상으로 창조된 존귀한 존재로서의 가능성을 새로이 바라보게창 1:26-31 함으로써 작정한 금식기도를 끝까지 마칠 수 있도록 하는 동력을 제공합니다.

2) 정신적 문제의 해결

현대 사회에서 인간이 경험하는 외로움과 우울증과 같은 정신적 문제는 육체적 질병보다 더 인간 삶에 악영향을 끼칩니다. 금식기도는 신체의 회복과 더불어 정신이 맑아지게 하므로 삶의 우선순위를 명확하게 구별하는 데에 도움이 되며, 의지력의 강화, 두뇌의 개발, 인내심의 함양, 정신력의 집중 등을 통해 정신적 건강을 회복시킵니다. 금식기도는 마음의 안정과 정화를 통해 하나님께 집중하게 함으로써 능력 있는 삶으로 변화되도록 하는 성령의 역사를 유발합니다고전 12:4, 7.

3) 좋으신 하나님을 만남

금식기도를 통해 인간 존재의 실존과 더불어 정신적 안정을 회복한 그리스도인은 긍휼이 풍성하신 좋으신 하나님의 사랑과 은혜로 구원을 받았음을 깨닫습니다엡 2:1-10. 또한 나와 함께하시는 좋으신 하나님을 만남으로써 두려워하지 않고, 굳센 믿음을 가지고 우뚝 서게 됩니다사 41:10.

Q 금식기도가 우울증 치료에 어떤 효과가 있을지 묵상해 봅시다.

3. 금식기도의 영적 유익

1) 영혼의 정화

온전히 마음을 드리는 금식기도는 전능하신 하나님 앞에서 자신의 모습을 깨닫게 합니다. 따라서 입술이 부정하므로 망하게 되었다고 고백했던 이사야 선지자처럼사 6:5 자신의 인간적 죄성을 직시하여 겸손하게 되고, 예수님의 신성을 깨달은 베드로처럼 "주여 나를 떠나소서 나는 죄인이로소이다"눅 5:8라는 회개의 고백을 통해 영혼을 정화합니다. 그러므로 금식기도 중에 개인의 삶 속에 내재된 깊은 문제들이 드러나기 마련이며, 그러한 문제들을 해결하는 것이 금식기도가 제공하는 유익입니다.

2) 하나님의 뜻을 분별

금식기도하는 그리스도인은 영혼의 정화를 통해 마음을 새롭게 함으로 변화를 받아 하나님의 선하시고 기뻐하시고 온전하신 뜻이 무엇인지 분별할 수 있습니다롬 12:2. 더욱이 보혜사 성령님은 금식기도하는 이의 연약함을 도우셔서 마땅히 기도할 바를 알지 못할 때에도 말할 수 없는 탄식으로 친히 중보하시고롬 8:26, 하나님의 뜻을 밝혀 주십니다삼하 7:21. 성경은 하나님께 기도하며 하나님의 뜻을 따라 하나님과 동행하던 삶을 살았던 에녹창

5:24과 노아창 6:9를 의인이라고 지칭했습니다. 오늘날에도 금식기도를 통해 하나님과 동행하는 모든 그리스도인은 항상 기뻐하고, 쉬지 말고 기도하고, 범사에 감사하는 하나님의 뜻을 따라 능력 있는 삶을 살게 될 것입니다살전 5:16-18.

3) 영적 성숙의 기반

금식기도를 통해 먼저 그의 나라와 그의 의를 구하는 이는 모든 것이 더해지는 응답을 제공합니다마 6:33. 뿐만 아니라, 하나님의 뜻을 이루는 주님의 기도를 이루며마 6:10 영적인 성숙함을 더합니다. 오직 하나님만을 구하는 금식기도는 자신의 뜻만 하나님이 이루어 주시기를 기대하는 것이 아니라 자신의 뜻을 하나님의 뜻에 맞추어 가는 것이므로 영적으로 성숙케 되는 중요한 기반입니다. 금식기도를 통해 하나님과 친밀한 관계를 맺는 그리스도인은 하나님의 마음을 담는 성화의 과정을 거치며 그리스도를 본받는 자가 됩니다고전 11:1. 따라서 금식기도는 체험적 신앙을 통해 능력 있는 믿음을 가지고 승리하도록 인도합니다.

Q 영적 성숙에 있어서 금식기도의 유익한 점에는 어떤 것들이 있을까요? (cf. 눅 21:36; 행 10:30, 13:1-3)

적용을 위한 다짐과 실천

① 지난 한 주간 동안 나에게 베푸신 하나님의 은혜에 대하여 나누어 봅시다.

② 지금까지 '금식기도의 유익'에 대해 공부했습니다. 오늘 공부에서 느끼고 깨달은 바를 함께 나누어 봅시다 sharing time.

③ 하나님께서 기뻐하시는 금식기도를 드리기 위해 돌아보아야 할 삶의 모습에는 어떤 것들이 있을까요?

④ 금식기도를 통해 하나님의 뜻을 분별하는 것이 유익한 이유는 무엇입니까?

⑤ 금식기도가 특별히 나 자신에게 어떤 신체적, 정신적, 영적 유익이 있을지 생각해 봅시다.

오늘의 과제 금식기도를 통해 삶의 모습이 어떻게 변화될 수 있을지 생각해 봅시다.

암송 구절

"금식할 때에 너희는 외식하는 자들과 같이
슬픈 기색을 보이지 말라…
너는 금식할 때에 머리에 기름을 바르고 얼굴을 씻으라
이는 금식하는 자로 사람에게 보이지 않고
오직 은밀한 중에 계신 네 아버지께 보이게 하려 함이라
은밀한 중에 보시는 네 아버지께서 갚으시리라"

마태복음 6:16-18

"When you fast, do not look somber as the hypocrites do. …
But when you fast, put oil on your head and wash your face,
so that it will not be obvious to others that you are fasting,
but only to your Father, who is unseen;
and your Father, who sees what is done in secret, will reward you."

Matthew 6:16-18

금식기도 선포문

나는 금식기도가 주는 영적인 유익을 믿고
간절히 기도할 것입니다!

묵상 명언

우리의 금식기도 기간은 진정한 축제일이다.
하늘 문이 이처럼 넓게 열린 때가 없고,
우리의 마음이 하나님 영광에 이보다 더 가까워지는 날도 없다.

찰스 스펄전 Charles H. Spurgeon

Fasting Pr

03

성경적 금식기도 사례

yer School

03 성경적 금식기도 사례

금식은 괴로운 마음으로 인해 식음을 폐하는 인간 사회의 생활 풍습에 기인한 것입니다. 구약성경에서도 모세의 율법이 이미 금식을 제도화하여 대속죄일인 7월 10일에 모든 유대인이 금식을 했고출 20:10; 레 16:29, 특별히 참회가 요구되거나 하나님의 자비를 구할 때 금식하며 기도했습니다. 예를 들어 사사 시대에 기브아의 범죄 사건으로 인해 이스라엘 각 지파가 베냐민 지파를 치는 동족상잔의 전쟁을 벌일 때 하나님께 금식하며 번제와 화목제를 드렸고삿 20:26, 블레셋과의 전쟁을 앞두고 이스라엘 백성들은 미스바에서 금식하며 하나님 앞에서 회개하며 겸비하였습니다삼상 7:6.

이처럼 이스라엘의 고대 전통에 속하는 종교 의식이었던 금식은 포로기를 거치며 공식적인 제도로 자리 잡았습니다. 나라를 빼앗긴 이스라엘의 심각한 상황 속에서 정기적으로 행하는 금식을 신앙적 각성의 수단으로 삼은 것입니다. 포로기를 거치며 제도화된 이스라엘의 금식일은 모두 네 번으로, 바벨론의 느부갓네살 왕에 의해 예루살렘이 함락당한 것을 회상하는 4월 9일왕하 25:4; 렘 39:2, 첫째 성전과 둘째 성전의 파괴를 기리는 5월 10일왕하 25:8-10; 렘 52:12-15, 유다 총독 그달랴의 살해 기념일인 7월 2일왕하 25:25; 렘 41:2, 그리고 바벨론 군대가 예루살렘을 포위하여 공격하기 시작한 때를 기억하는 날인 10월 10일왕하 25:1-2; 렘 52:4-5입니다.

묵상 고대 이스라엘 백성은 참회하며 하나님의 자비를 구하기 위해 금식으로 나아갔습니다. 지금 내 삶에서 하나님의 자비를 구해야 할 순간이 있는지 살펴봅시다.

금식기도지수
체크 리스트

Fasting Prayer Quotient Check List

당신의 금식기도지수FPQ는?

아래의 문항을 읽고 나에게 해당하는 것을 체크해 보세요. ☑

- ① 금식기도 해야 할 때를 분별할 수 있는가? ☐
- ② 하나님께서 금식기도를 통하여 나를 만나주심을 믿는가? ☐
- ③ 금식기도 중에 성령님께서 도와주심을 확신하는가? ☐
- ④ 외식하는 기도와 온전한 금식기도의 모습을 구별할 수 있는가? ☐
- ⑤ 금식기도하며 타인을 위한 중보기도 사역도 하고 있는가? ☐

나에게 해당하는 문항은 몇 개인가요? _____ 개

체크하지 못한 문항의 내용을 다시 점검하고,
앞으로 이를 적용할 수 있는 방법을 생각해 봅시다.

성경과의 만남

출애굽기 34장 27절에서 28절까지 읽어보십시오.

27 여호와야훼께서 모세에게 이르시되 너는 이 말들을 기록하라 내가 이 말들의 뜻대로 너
와 이스라엘과 언약을 세웠음이니라 하시니라 28 모세가 여호와야훼와 함께 사십 일 사십
야를 거기 있으면서 떡도 먹지 아니하였고 물도 마시지 아니하였으며 여호와야훼께서는
언약의 말씀 곧 십계명을 그 판들에 기록하셨더라

1. 모세가 두 돌판에 새긴 십계명을 받을 동안 이스라엘 백성들이 자행한 일은 무엇입니까? cf. 출 32장

2. 모세가 하나님께 받은 두 번째 돌판의 의미는 무엇입니까? 27절

3. 언약의 말씀을 읽을 때의 태도는 어떠해야 할까요? 28절

4. 하나님의 언약의 말씀을 받은 영적 이스라엘 백성인 그리스도인은 어떤 삶을 살아야 합니까? 28절

5. 40일 동안 금식하며 십계명을 받은 모세의 얼굴이 빛난 이유는 무엇일까요? 29절

성경적 금식기도 사례

성경에 나타난 대표적인 금식의 사례는 모세가 하나님의 백성들이 지켜야 할 열 가지 계명을 담은 돌판을 받을 때, 에스더가 민족의 고난과 위기 상황에서 간절히 하나님께 부르짖을 때, 그리고 예수 그리스도가 십자가 대속을 통해 인류 구원을 이루실 공생애 사역을 시작하는 때의 금식의 상황입니다. 이는 하나님 말씀을 통해 인생의 역경을 헤치며 궁극적으로 다시는 사망이 없고, 애통하는 것이나 곡하는 것이나 아픈 것이 다시 있지 아니하는계 21:4 예수님의 십자가 부활 승리의 영광에 동참하는 신앙의 여정을 요약합니다.

1. 모세의 금식 출애굽기 34:28

1) 첫 번째 돌판

모세는 하나님의 영광이 가득한 시내산에 올라가서 40일 동안 그곳에 머무르며 금식했고신 9:9-10, 하나님의 명령을 듣고 하나님께서 친히 두 돌판에 새긴 십계명을 받았습니다출 24:12-31:18. 이는 모세오경에 나타난 365가지의 '하지 말라'는 명령과 248가지의 '하라'는 명령, 총 613가지의 명령을 모두 열 개의 핵심 계명으로 요약한 것입니다.

예수 그리스도는 열 개의 계명을 '하나님 사랑'과 '이웃 사랑'의 두 계명으로 다시 요약하셨는데, 이는 결국 '사랑하라'는 하나의 명령입니다마 22:34-40. 하나님과 동행하는 삶을 통해 하나님의 사랑을 깨달은 사람은 자기 자신을 하나님의 눈으로 바라보며 용납하고 사랑할 수 있으며, 그러한 사랑을 이웃에게 베풀 수 있습니다.

2) 금송아지 사건

모세가 40일간 시내산에 머물며 하나님으로부터 십계명을 받는 동안에 산 아래에 있는 이스라엘 백성들은 조급한 마음에 아론을 중심으로 금송아지를 만들었습니다출 32:1-6. 이는 애굽에서 430년 동안 압제당하던 그들을 구원해 내신 하나님의 사랑을 저버리는 행위였습니다. 십계명의 첫 두 계명인 "너는 나 외에는 다른 신들을 네게 두지 말라"와 "너를 위하여 새긴 우상을 만들지 말고 … 그것들에게 절하지 말며 그것들을 섬기지 말라"는 명령을 어긴 것입니다출 20:3-6.

신앙의 가장 기본적인 토대, 즉 하나님을 향한 마음의 중심이 비뚤어진 이스라엘 백성은 진멸의 대상이 되었습니다. 하지만 모세의 중보기도를 통해 화를 피했고, 모세를 중심으로 레위 자손이 우상을 숭배했던 3천 명 가량을 처단하며 겨우 언약 백성의 신분을 유지할 수 있게 되었습니다출 32:7-35.

금송아지 사건은 눈앞에 보이는 빛나는 황금에 마음을 빼앗기기 십상인 인간의 연약함을 일깨우며, 눈에 보이지 않는 하나님을 향한 온전한 신앙의 중요성을 상기시킵니다. 이와 더불어 이스라엘 백성들을 위하여 40일간 금식하며 중보했던 모세의 기도는 하나님의 종이 신앙 공동체를 위하여 수행해야 할 사명의 중요성을 강조합니다.

3) 두 번째 돌판

모세는 자신이 깨뜨린 돌판 둘을 다듬어 만들라는 하나님의 명령에 따라 돌판 둘을 깎아 만들고 아침 일찍 시내산으로 올라가서 하나님을 만났습니다출 34:1-9. 하나님께서는 다시 언약을 세우셨고, 모세는 하나님과 함께 있는 40일 동안 떡도 먹지 않고 물도 마시지 않았습니다출 34:10-28; 신 9:18. 하나님과 가깝게 교제하며 하나님을 대면한 모세의 얼굴에는 하나님의 임재로 인해 광채가 났고출 34:29-35, 그렇게 하나님과 동행한 모세는 세상을 떠난 120세까지 눈이 흐리지 않고, 기력이 쇠하지 아니하였습니다신 34:7.

Q 40일간 금식기도하며 하나님을 대면한 모세의 얼굴에 임한 광채가 의미하는 바가 무엇인지 묵상해 봅시다(출 34:29-35).

2. 에스더의 금식 에스더 4:16

1) 역사를 주관하시는 하나님의 섭리

제2차 그리스·페르시아 전쟁을 조명한 영화 「300」에서 아하수에로는 그리스식 이름인 크세르세스 1세Xerxes I로 등장합니다. 아하수에로는 자신의 강력한 왕권을 온 천하에 알리기 위해서 180일 동안이나 잔치를 베풀어 "그의 영화로운 나라의 부함과 위엄의 혁혁함"에 1:4을 나타냈고, 이후 7일 동안 도성 수산에 있는 모든 백성을 위하여 잔치를 베풀며 엄청난 부를 자랑 했습니다. 7일째 되는 날에 아하수에로는 온 천하에 자신의 힘을 과시하기 위하여 절세미인인 왕후까지 거느린에 1:11 신적인 존재임을 피력하려 했지만, 와스디의 거부로 인해 그녀를 폐위하고 전쟁에 나섰습니다. 테르모필레Thermopylae 협곡에서 스파르타군을 맞아 어려움을 겪었지만 이내

승리를 거두고 거침없이 진격하던 페르시아군은 살라미스Salamis 해전에서 패배하고, 플라타이아이Plataiai 전투에서도 패배하며 페르시아로 돌아올 수밖에 없었습니다. 급히 민심을 수습하기 위하여 새로운 왕후를 찾은 아하수에로는 유대인 모르드개가 딸처럼 키운 사촌동생 에스더를 왕후로 간택했습니다에 2:17.

2) 나라와 민족을 위한 금식

아하수에로는 아각 사람 하만을 총리대신으로 삼았는데에 3:1, 그는 대궐에 입실할 때 자신에게 절하지 않는 모르드개를 보고 분개하여 모르드개가 속한 유대 민족을 멸절할 계획을 세웠습니다. 제비를 뽑아 거사일을 열두째 달로 삼고 왕에게 유대 민족을 참소한 하만의 계략으로 인해 열두째 달에 모든 유대인을 죽이고 그 재산을 탈취하라는 왕의 조서에 3:13를 접한 모든 유대인은 크게 애통하며 금식기도했습니다.

모르드개 역시 굵은 베옷을 입고 대성통곡하며에 4:1-3, 에스더에게 왕에게 가서 민족을 위하여 구하라고 말하자 에스더는 왕의 부름을 받지 못한 지 30일이 되었다고 답했습니다에 4:5-11. 모르드개는 에스더가 왕후의 자리를 얻은 것이 이 때를 위함인지 누가 알겠느냐고 했습니다. 에스더는 도성 수산에 있는 모든 유대인을 모아 자신을 위하여 3일간 금식기도해 달라고 요청하며 자신도 금식기도한 후 규례를 어기고 왕 앞에 나아가 청하겠다며 "죽으면 죽으리이다"라고 말했습니다에 4:13-17.

3) 금식기도에 응답하신 하나님

에스더가 금식기도하고 왕 앞에 나아가자 왕은 에스더를 매우 사랑스럽게 보며 소원을 들어주겠다고 말하고, 에스더는 잔치를 준비할 테니 하만과 함께 오라고 청했습니다에 5:1-4. 잔치에서도 아하수에로 왕이 소원을 말하라고 하자 에스더는 다음 날 잔치에 다시 하만과 함께 오라고 말했습니다에 5:5-8. 왕후에게 단독으로 초대받은 하만은 의기양양하여 모르드개를 매달기 위해 50규빗약 22.5m 높이의 장대를 만들어 세웠습니다에 5:9-14. 그날 밤, 유난히 잠이 오지 않은 아하수에로는 역대 일기를 가져오게 해서 읽다가 자신을 암살하려던 내시 빅다나와 데레스의 음모를 모르드개가 고하여 자신을 구한 사실을 깨닫고 그에게 은혜를 베풀기를 결심했습니다에 6:1-3. 마침 입실하던 하만은 왕이 존귀하게 하기를 원하는 사람이 자신인 줄 알고 왕복과 왕의 말과 왕관을 씌울 것을 제안하고, 그대로 모르드개에게 하게 되었습니다에 6:4-14. 이후 에스더는 하만이 자신과 자신의 민족을 죽이려 함을 왕에게 고하였고, 노한 왕은 하만을 그가 만든 장대에 매달고 유대 민족으로 하여금 하만의 민족을 진멸하도록 명을 내렸습니다.

Q 에스더와 모르드개, 유대 민족을 통해 배운 나라와 민족을 위한 금식 기도의 자세는 어떤 것입니까? (cf. 에 4:1-17)

3. 예수님의 금식 마태복음 4:1-11

1) 광야의 시험

예수께서 공생애 사역을 준비하시는 과정에는 세례침례 받으실 때 하늘이 열리고 성령이 비둘기처럼 임하시며, 하나님의 음성을 들으신 즐거운 경험마 3:13-17; 막 1:9-11; 눅 3:21-22과 더불어 즐겁지 못한 광야에서의 시험 경험이 혼재되어 있습니다마 4:1-11; 막 1:12-13; 눅 4:1-13. 이는 하나님께서 우리의 삶 가운데에도 동일하게 적용하시는 모습입니다. 따라서 큰 은혜를 경험하고 복을 누릴 때도 자만해서는 안 되고, 큰 시련을 당할 때도 절망하고 낙심해서는 안 됩니다. 그리스도인이 취해야 할 자세는 하나님의 말씀을 통해 사탄의 시험을 이기신 예수님을 본받는 것입니다. 사탄을 물리치신 예수님처럼 우리들 역시 성령의 검인 하나님의 말씀을 가지고 사탄의 공격을 물리치고 승리를 거둘 수 있습니다엡 6:10-17.

2) 시험을 이기신 예수님

성령에게 이끌리어 사탄에게 시험을 받으러 광야로 가신 예수님은 40일간 금식하신 후에 "네가 만일 하나님의 아들이어든 명하여 이 돌들로 떡덩이가 되게 하라"는 사탄의 시험을 마주하셨습니다마 4:3. 그 같은 사탄의 시험은 이미 에덴동산에서 사용하여 승리를 거둔 육신의 정욕과 안목의 정욕과 이생의 자랑이라는요일 2:16 형태를 띠고 있었습니다.

비슷한 방식으로 출애굽한 이스라엘 백성들 역시 광야의 굶주림으로 인해 하나님을 원망했고, 만나를 주신 하나님보다 눈앞에 있는 만나에 마음을 빼앗겨 만나를 쌓아두어 자신의 힘으로 살아가려는 모습을 보였습니다출 16:19-20. "사람이 떡으로만 사는 것이 아니요 여호와야훼의 입에서 나오는 모든 말씀으로 사는 줄을 네가 알게 하려 하심이니라"는 신명기 8장 3절 말씀을 인용하신 예수님의 대답은 광야에서 먹을 것으로 인하여 시험에 실패한 이스라엘 백성들의 모습과 대조됩니다.

모든 종류의 시험은 우리의 시선이 여호와야훼 하나님을 먼저 향하느냐, 아니면 육신의 필요에 압도되느냐 하는 양자택일의 문제를 가지고 우리의 마음 중심을 살펴보게 합니다. 예수님을 따라가는 그리스도인은 삶의 문제로 인한 걱정에 앞서서 그러한 문제의 너머에서 우리를 은혜로 이끄시는 하나님을 바라보며 시험을 이기고 믿음의 열매를 맺습니다.

3) 시험을 이기신 예수님의 교훈

40일 금식 후 사탄의 시험을 이기신 예수님은 그리스도인들의 금식에 대하여 중요한 교훈을 제시하셨습니다. 그것은 금식할 때 자신의 의를 드러내고 칭송받기 위하여 힘들고 슬픈 기색을 내지 말라는 권면입니다마 6:16. 이는 외모를 보는 사람과 달리 마음의 중심을 보시는 여호와야훼 하나님 앞에서삼상 16:7 금식의 행위가 아니라 동기가 중요하다는 의미입니다. 예수님은 오히려 금식하는 이가 머리에 기름을 바르고 얼굴을 씻어야 한다고 말씀하시며 평소 모습을 유지하며 마음의 중심을 하나님께 드리라고 촉구하셨습니다마 6:17. 이는 은밀한 중에 마음의 중심을 보시는 하나님께 인간의 금식기도가 열납되도록 하는 교훈인 것입니다마 6:18.

Q 금식기도를 통해 나의 시선을 하나님께 온전히 향하도록 하기 위하여 필요한 마음가짐은 무엇일까요? (cf. 시 121:1-8, 143:1-12; 히 12:2)

적용을 위한 다짐과 실천

① 지난 한 주간 동안 나에게 베푸신 하나님의 은혜에 대하여 나누어 봅시다.

② 지금까지 '성경적 금식기도 사례'에 대해 공부했습니다. 오늘 공부에서 느끼고 깨달은 바를 함께 나누어 봅시다 sharing time.

③ 금식기도 후 십계명을 받았던 모세는 이스라엘 백성들의 금송아지 사건의 충격을 어떻게 극복할 수 있었습니까?

④ 에스더처럼 나라와 민족을 위해 기도해야 하는 이유는 무엇입니까?

⑤ 예수님처럼 금식 후 사탄의 시험을 이기는 비결은 무엇일까요?

오늘의 과제 성경적 금식기도를 위한 다짐을 글로 적어 봅시다.

암송 구절

"여호와야훼의 말씀에 너희는 이제라도 금식하며 울며
애통하고 마음을 다하여 내게로 돌아오라 하셨나니"

요엘 2:12

"Even now", declares the LORD, "return to me with all your heart,
with fasting and weeping and mourning."

Joel 2:12

금식기도 선포문

나는 마음의 중심을 보시는 하나님께 나아가
금식기도가 열납되도록
온전히 하나님께 마음을 드리겠습니다!

묵상 명언

그리스도인의 금식의 뿌리에는
하나님을 간절히 원하는 갈망이 있다.

존 파이퍼 John S. Piper

Fasting Pr

04

금식기도의 유형 1, 2

(온전한 금식, 간헐적 금식)

yer School

04 금식기도의 유형 1, 2 (온전한 금식, 간헐적 금식)

경남 거창에 있는 거창고등학교는 기독교 복음을 건학 이념으로 설립한 사학 명문 고등학교입니다. 거창고등학교를 명문 학교로 성장시킨 전영창 교장의 철학과 가르침이 담긴 유명한 '직업 선택 십계명'은 사회에 진출하는 청년들에게 좋은 귀감이 되고 있습니다. 월급이 적은 쪽을 택하고, 자신이 원하는 곳이 아니라 자신을 필요로 하는 곳을 택하라. 앞다투어 모여드는 곳에는 절대로 가지 말고, 아무도 가지 않는 곳으로 가라는 등 이기적인 인간의 마음을 버리고 기독교적 섬김의 리더십을 발휘하라는 조언이기 때문입니다.

1958년 4월 학교가 극심한 재정적 위기에 직면했을 때 전영창 선생은 성경, 찬송가와 담요 한 장을 들고 거창읍에서 40리나 떨어진 산 중턱 동굴 속으로 들어가서 자리를 펴고 일주일을 작정하고 금식기도를 시작했습니다. 사흘이 지나도 아무런 응답도 없고 가슴만 답답해서 그는 나흘째가 되어 "하나님! 일주일 금식기도하는 이 기간 내에 응답해 주시지 않으면 서울로 올라가서 일간 신문에 하나님은 없다고 광고를 내겠습니다"라고 억지를 부리는 기도를 드렸습니다. 기도를 마치고 내려오니 미국에서 어떤 교인이 보낸 수표 한 장이 도착해 있었는데, 그 금액은 2천 50달러, 정확히 당시 학교의 부채를 갚을 수 있는 금액이었습니다. 하나님께서 인간의 연약함을 뛰어넘어 어려운 사정을 치밀하게 헤아려주신 것입니다.

묵상 질병과 고난 중에도 좋으신 하나님을 신뢰하며 기도해야 하는 이유가 무엇인지 각자의 삶과 경험을 토대로 생각해 봅시다.

금식기도지수
체크 리스트

Fasting Prayer Quotient Check List

당신의 금식기도지수FPQ는?

아래의 문항을 읽고 나에게 해당하는 것을 체크해 보세요. ☑

① 금식기도의 다양한 유형에 대해서 알고 있는가?	☐
② 연약한 육체를 이기고 물만 마시면서 금식한 경험이 있는가?	☐
③ 금식기도를 결단하는 데 있어서 믿음이 가장 중요하다고 생각하는가?	☐
④ 금식기도 중에 하나님께서 육체의 질병도 치유해 주심을 믿는가?	☐
⑤ 금식기도 중에 은혜를 베푸시는 하나님께서 인생의 쓴 물을 단물로 바꿔 주심을 믿는가?	☐

나에게 해당하는 문항은 몇 개인가요? _____ 개

체크하지 못한 문항의 내용을 다시 점검하고,
앞으로 이를 적용할 수 있는 방법을 생각해 봅시다.

성경과의 만남

마태복음 4장 1절에서 11절까지 읽어보십시오.

[1] 그 때에 예수께서 성령에게 이끌리어 마귀에게 시험을 받으러 광야로 가사 [2] 사십 일을
밤낮으로 금식하신 후에 주리신지라 [3] 시험하는 자가 예수께 나아와서 이르되 네가 만일
하나님의 아들이어든 명하여 이 돌들로 떡덩이가 되게 하라 [4] 예수께서 대답하여 이르시
되 기록되었으되 사람이 떡으로만 살 것이 아니요 하나님의 입으로부터 나오는 모든 말
씀으로 살 것이라 하였느니라 하시니 [5] 이에 마귀가 예수를 거룩한 성으로 데려다가 성전
꼭대기에 세우고 [6] 이르되 네가 만일 하나님의 아들이어든 뛰어내리라 기록되었으되 그
가 너를 위하여 그의 사자들을 명하시리니 그들이 손으로 너를 받들어 발이 돌에 부딪치
지 않게 하리로다 하였느니라 [7] 예수께서 이르시되 또 기록되었으되 주 너의 하나님을 시
험하지 말라 하였느니라 하시니 [8] 마귀가 또 그를 데리고 지극히 높은 산으로 가서 천하
만국과 그 영광을 보여 [9] 이르되 만일 내게 엎드려 경배하면 이 모든 것을 네게 주리라 [10]
이에 예수께서 말씀하시되 사탄아 물러가라 기록되었으되 주 너의 하나님께 경배하고 다
만 그를 섬기라 하였느니라 [11] 이에 마귀는 예수를 떠나고 천사들이 나아와서 수종드니라

1. 예수께서 시험을 받으신 광야의 의미는 무엇일까요? 1절

2. 예수님이 40일간 금식하신 이유는 무엇입니까? 1절

3. 연약한 인간이 음식의 시험을 이길 수 있는 방법은 무엇일까요? 4, 7, 10절

4. 사람이 떡으로만 살 것이 아니라는 말씀의 의미는 무엇입니까? 4절

5. 예수 그리스도의 금식과 시험의 교훈은 무엇입니까? 1-11절

금식기도의 유형 1, 2

일반적인 경우에 인간의 육체는 물을 마시지 않고는 3일 이상을 지탱하기 힘듭니다. 따라서 모세가 40일 동안 물도 마시지 않고 금식한 것은 하나님의 임재 안에서 하나님의 뜻을 따른 초자연적인 금식으로 간주해야 합니다출 24:18, 34:28; 신 9:9, 25. 이러한 금식은 지극히 예외적인 것이므로 하나님의 확실하고 명료한 명령이 있기 전에는 3일 이상 물도 마시지 않는 금식을 해서는 안 됩니다. 물을 마시는 형태의 전형적인 금식기도 역시 완전한 금식부터 부분 금식에 이르는 다양한 유형으로 나눌 수 있습니다. 그 중에서 온전한 금식은 물만 섭취하는 가장 고강도의 금식이며, 간헐적 금식은 굳은 음식을 섭취하지 않고 건강 보조 음료를 활용하는 단식형 금식입니다.

1. 온전한 금식

1) 금식의 형태

온전한 금식은 물만 섭취하는 형태의 금식으로서 인간 신체의 기능을 유지하기 위한 최소한의 수분만을 섭취하는 완전 금식입니다. 일반적으로 금식기도원에 체류하며 기도 제목을 가지고 집중해서 기도할 때 행하는 금식이 바로 온전한 금식입니다. 온전한 금식 중에 물은 조금씩 자주 마시는 편이 한꺼번에 많은 양의 물을 간헐적으로 마시는 것보다 낫습니다. 자주 마시는 물이 탈수를 예방하고 신진대사를 원활히 하는 데에 유용하기 때문입니다. 또한 온전한 금식은 가장 신체적 부담이 크기 때문에 심사숙고하여 금식 기간을 결정해야 하며, 장기 금식의 경우 의료진 또는 금식기도원의 경험이 많은 사역자와 상의하는 편이 좋습니다.

2) 성경 속의 온전한 금식

이세벨의 위협 앞에서 낙망하여 로뎀 나무 아래에서 죽기를 구하던 엘리야가 천사의 도움으로 구운 떡과 물 한 병을 연거푸 먹은 후에 그 음식물의 힘을 의지하여 하나님의 산 호렙으로 가던 여정에서 행한 금식은 물만 마시는 온전한 금식으로 추정됩니다왕상 19:8. 모세의 경우처럼 특별히 물도 마시지 않았다는 기록이 없기 때문입니다.

40일간의 금식을 통해 엘리야는 모세가 올랐던 호렙산에 이르러 기도 중에 하나님으로부터 다메섹의 하사엘에게 기름을 부어 아람의 왕이 되게 하고 예후에게 기름을 부어 이스라엘의 왕이 되게 하는 한편, 엘리사에게 기름을 부어 자신의 뒤를 잇는 선지자가 되게 하라는 새로운 사명을 받았습니다왕상 19:9-18.

40일간 밤낮으로 금식하신 예수님의 경우 역시 물은 마셨던 온전한 금식으로 추정되는데마 4:2, 주리셨다는 언급 외에 목마르셨다는 표현이 없기 때문입니다. 물만 마시는 형태의 금식은 성경에서 나타나는 일반적인 금식으로서 가장 신체의 부담을 유발하지만 절대 헌신의 금식이라고 볼 수 있습니다.

3) 온전한 금식의 의의

온전한 금식은 기도 응답과 문제 해결에 대한 간절함을 바탕으로 모든 음식의 섭취를 지양하고 신체의 기능을 유지하는 데 필요한 물만 섭취하며 금식기도에 집중하는 유형입니다. 불치병의 진단을 받고 시한부 인생을 선고받은 경우나, 인생의 큰 고난을 만나 모든 것을 뒤로 하고 하나님께 매달려야 하는 상황 등 특수한 경우에는 '죽으면 죽으리라'에 4:16는 각오로 금식을 결정할 수 있습니다. 하지만 일반적인 기도 제목을 가지고 기도하는 상황에서도 집중하여 하나님께 간절히 기도하기 원할 때 온전한 금식을 하는 것도 바람직합니다. 때로는 최소한의 음식을 섭취하며 절제함으로 기도하는 부분 금식이 바쁜 일상에서 올바른 신앙을 유지하려는 대부분의 그리스도인에게 적합할 수 있습니다. 그러므로 금식의 형태를 결정하는 데 있어서 지혜로운 분별력이 필요합니다.

Q 중병이 들었을 때 금식하며 기도하는 이의 심정은 어떤 것인지 헤아려 봅시다(시 35:13).

2. 간헐적 금식

1) 금식의 형태

간헐적 금식은 건강 상태가 연약한 편이라 금식을 하기 어려운 그리스도인들이 금식을 시작할 수 있도록 건강 보조형 음료를 섭취하는 유형의 금식입니다. 간헐적 금식은 단단한 음식을 금하는 금식으로써, 씹는 음식을 거부하고 주스나 차 종류 등을 섭취하는 방식입니다. 따라서 간헐적 금식 중에는 흑초나 이온음료의 분말을 물에 타서 복용하기도 합니다. 전해질 성분을 강화한 이온음료는 육체가 금식 중에 지방 세포에 저장되어 있는 에너지를 끌어내어 사용할 때 발생할 수 있는 근육 경련을 방지하는 데에도 도움이 되기 때문입니다. 하지만 최근 시중에서 판매하는 제로 칼로리 탄산음료는 대체 감미료가 포함되어 있어서 장기적으로는 혈당을 올려서 금식 중 신체에 무리를 줄 수 있기 때문에 피하는 것이 좋습니다.

2) 성경 속의 간헐적 금식

다니엘은 일정 기간 동안 특정 음식을 제한하며 하나님께 집중했습니다. 다니엘 10장 2절에서 3절을 보면, 다니엘은 '세 이레 동안 좋은 떡을 먹지 않고, 고기와 포도주를 입에 대지 않았다'고 기록되어 있습니다. 이처럼 다니엘은 완전한 금식을 한 것이 아니라, 일상적인 음식 중 일부만을 제한하고 단순한 식사를 하면서 기도와 경건의 삶에 전념했습니다.

또 이스라엘 백성은 베냐민 지파와의 내전에서 큰 피해를 입은 뒤, 하나님의 뜻을 구하기 위해 벧엘에 이르러 그 날이 저물도록 금식했습니다 삿 20:26. 즉, 일몰 후에는 식사를 할 수 있었습니다. 이처럼 일정 시간 동안 금식을 유지하고, 정해진 시간에만 음식을 섭취하는 간헐적 금식은 이미 성경에서 나타나는 훈련의 한 형태로 실천되었다고 볼 수 있습니다.

3) 간헐적 금식의 의의

간헐적 금식은 단순한 식사 제한을 넘어, 하나님을 향한 마음을 다시 세우고 흩어진 삶의 우선순위를 바로잡는 거룩한 시간입니다. 이는 갈라디아서 5장 22절에서 23절에 나오는 성령의 열매 중 하나인 '절제'를 삶 속에서 구체적으로 살아내는 모습이기도 합니다. 정해진 시간에만 식사하고, 그 외의 시간에는 기도와 말씀 묵상에 집중함으로써, 육체의 욕구를 통제하고, 하나님 앞에서 겸손히 자신을 돌아보는 훈련을 하게 됩니다. 간헐적 금식의 핵심은 단지 공복을 견디는 데 있는 것이 아니라, 그 시간을 하나님과 깊이 교제하는 은혜의 시간으로 채우는 데에 진정한 의미가 있습니다시 42:2. 또한, 몸의 회복과 안식을 위한 지혜로운 선택이기도 합니다. 과식과 피로로 지친 소화 기관이 쉬는 동안, 신체는 자연스럽게 정화되고 에너지를 회복합니다. 이처럼 간헐적 금식은 영적인 성장과 더불어 육체적 건강까지 돌볼 수 있는 경건한 훈련이며, 특히 건강 문제로 인해 온전한 금식이 어려운 이들에게도 무리 없이 실천할 수 있는 대안이 될 수 있습니다.

Q 성경이 말하는 믿음의 의미는 무엇이며, 믿음으로 결단하는 금식기도의 의의는 무엇일까요? (cf. 히 11:6)

적용을 위한 다짐과 실천

① 지난 한 주간 동안 나에게 베푸신 하나님의 은혜에 대하여 나누어 봅시다.

② 지금까지 '금식기도의 유형' 중 온전한 금식과 간헐적 금식에 대해 공부했습니다. 오늘 공부에서 느끼고 깨달은 바를 함께 나누어 봅시다 sharing time.

③ 금식의 형태를 결정하는 데 있어서 고려해야 할 사항은 무엇입니까?

④ 금식을 결단하는 데에 믿음이 필요한 이유는 무엇일까요?

⑤ 간절한 금식기도에 대하여 설명한 성경 본문이나 구절을 찾아봅시다.

오늘의 과제 금식기도를 하기 전에 믿음으로 결단한 기도 제목을 적어 봅시다.

암송 구절

"그러므로 우리가 이를 위하여 금식하며
우리 하나님께 간구하였더니
그의 응낙하심을 입었느니라"

에스라 8:23

"So we fasted and petitioned our God about this,
and he answered our prayer."

Ezra 8:23

금식기도 선포문

나는 치유와 회복의 열매를 맺기 위해
지혜로운 분별력을 구하며
간절히 금식기도를 할 것입니다!

묵상 명언

금식은 우리의 영혼이 하나님과
더욱 친밀해지도록 만드는 시간이다.

앤드류 머리 Andrew Murray

Fasting Pr

05

금식기도의 유형 3, 4

(다니엘의 부분 금식, 부분 금식)

yer School

05 금식기도의 유형 3, 4 (다니엘의 부분 금식, 부분 금식)

열두 사도들의 가르침을 기록한 디다케Didache라는 책은 초대교회의 교인들이 매주 수요일과 금요일, 이틀에 걸쳐 금식기도한 사실을 기록합니다. 당시 교인들의 금식은 첫째, 예수 그리스도의 십자가 고난을 기억하기 위한 것이고, 둘째, 그리스도의 복음을 온 세계에 전하기 위한 것이었습니다. 즉, 복음의 기반 위에서 선교하는 것이 금식기도의 목적이었습니다.

영국의 감리교 창시자인 존 웨슬리John Wesley도 그러한 초대교회의 가르침을 따라 감리교단의 목사 안수는 수요일과 금요일 오후 4시까지 금식하는 사람에게만 주기로 정했습니다. 이와 더불어 웨슬리는 "세계는 나의 교구이다The world is my parish"라는 유명한 캐치프레이즈를 내걸고 금식기도하며 전도와 선교에 매진하였습니다. 그래서 오늘날 웨슬리 생가의 기도방에는 매일 새벽 4시에 기상하여 두 시간씩 말씀을 읽고 기도하던 그의 두 무릎이 패인 자국이 남아 있습니다.

매일 기도하는 한편, 수요일과 금요일에 금식하며 세계 선교를 위하여 기도하였던 웨슬리는 오늘날 미국과 영국의 감리교 부흥을 이끌었고, 선교를 통해 우리나라에서도 감리교가 성장하는 초석을 놓았습니다. 이처럼 우리가 무엇이든지 예수 그리스도의 이름으로 간절히 구하면 받을 것이고, 기쁨이 충만해질 것입니다요 16:23-24.

묵상 일상의 삶 가운데 믿음의 승리를 거둘 수 있는 방법에는 어떤 것들이 있을지 생각해 봅시다.

금식기도지수
체크 리스트

Fasting Prayer Quotient Check List

당신의 금식기도지수FPQ는?

아래의 문항을 읽고 나에게 해당하는 것을 체크해 보세요. ☑

① 금식기도의 유형을 선택하는 것보다 하나님 앞에서 변화되는 것이 더 중요함을 알고 있는가?	☐
② 과일이나 채소 등의 최소한 음식을 섭취하며 다니엘의 부분 금식을 해본 경험이 있는가?	☐
③ 잘못된 생활 습관을 중단하기 위해 금식기도를 해본 경험이 있는가?	☐
④ 일상생활에서의 영성도 중요하다고 믿는가?	☐
⑤ 하나님께 전심으로 기도하기 위해 음식을 절제한 적이 있는가?	☐

나에게 해당하는 문항은 몇 개인가요? _____ 개

체크하지 못한 문항의 내용을 다시 점검하고,
앞으로 이를 적용할 수 있는 방법을 생각해 봅시다.

성경과의 만남

다니엘 10장 1절에서 9절까지 읽어보십시오.

1 바사 왕 고레스 제삼년에 한 일이 벨드사살이라 이름한 다니엘에게 나타났는데 그 일
이 참되니 곧 큰 전쟁에 관한 것이라 다니엘이 그 일을 분명히 알았고 그 환상을 깨달으
니라 2 그 때에 나 다니엘이 세 이레 동안을 슬퍼하며 3 세 이레가 차기까지 좋은 떡을 먹
지 아니하며 고기와 포도주를 입에 대지 아니하며 또 기름을 바르지 아니하니라 4 첫째
달 이십사일에 내가 힛데겔이라 하는 큰 강 가에 있었는데 5 그 때에 내가 눈을 들어 바
라본즉 한 사람이 세마포 옷을 입었고 허리에는 우바스 순금 띠를 띠었더라 6 또 그의 몸
은 황옥 같고 그의 얼굴은 번갯빛 같고 그의 눈은 횃불 같고 그의 팔과 발은 빛난 놋과 같
고 그의 말소리는 무리의 소리와 같더라 7 이 환상을 나 다니엘이 홀로 보았고 나와 함께
한 사람들은 이 환상은 보지 못하였어도 그들이 크게 떨며 도망하여 숨었느니라 8 그러
므로 나만 홀로 있어서 이 큰 환상을 볼 때에 내 몸에 힘이 빠졌고 나의 아름다운 빛이 변
하여 썩은 듯하였고 나의 힘이 다 없어졌으나 9 내가 그의 음성을 들었는데 그의 음성을
들을 때에 내가 얼굴을 땅에 대고 깊이 잠들었느니라

1. 하나님께서 허락하신 환상을 체험한 다니엘이 금식한 이유는 무엇입니까? 1-2절

2. 다니엘처럼 좋은 떡, 고기와 포도주를 입에 대지 않고, 기름을 바르지 않는 태도는 어떤 경우에 필요합니까? 3절

3. 일상적인 생활에서 기도하기 위해 어떤 음식을 절제할 수 있을까요? 3절

4. 꿈이나 환상이 하나님께로부터 왔다는 사실을 어떻게 알 수 있습니까? 1-9절

5. 금식기도의 응답은 언제 임합니까? cf. 12절

금식기도의 유형 3, 4

과일과 채소 등의 최소한의 음식을 섭취하는 식사도 다니엘의 부분 금식에 해당합니다. 부분 금식은 자신이 선택한 특정한 음식 또는 음료를 멀리하는 유형의 금식입니다. 이외에도 식사와 단식을 교차하는 부분 금식 등 금식의 다양한 유형은 그리스도인의 신앙생활에 있어서 전심으로 하나님을 찾도록 하는 영적 기반이 됩니다. 금식의 특별한 유형을 취하는 것보다 중요한 것은 금식기도를 통해 개인의 삶이 하나님 앞에서 온전히 변화하는 것입니다. 그것이 금식기도를 결정한 목적이기 때문입니다. 이는 금식기도를 마친 후의 삶을 통해 가늠이 될 것입니다.

1. 다니엘의 부분 금식

1) 금식의 형태

다니엘의 부분 금식은 평소의 식단보다 대폭 축소된 형태의 음식을 섭취하는 형태로써, 과일과 채소, 주스 등 최소한의 음식만 섭취하는 부분 금식입니다. 일례로 다니엘과 세 친구들은 바벨론 신에게 바쳐졌던 바벨론 왕 느부갓네살의 음식과 포도주로 자신을 더럽히지 않도록 뜻을 정하여 채식과 물만 섭취하였지만 그들의 얼굴이 더욱 아름답고 살이 윤택하여 왕의 음식을 먹는 이들보다 더 좋아 보였습니다단 1:8-16. 더욱이 이스라엘 백성들에게 이방신에게 바쳐진 고기는 공공연하게 다른 신을 섬기는 것을 상징하기 때문에 금지되었고출 34:15, 왕의 음식과 포도주는 하나님께서 이스라엘 백성들에게 주신 율법의 절차에도 적합한 음식이 아니었습니다레 3:17, 6:26, 17:10-14, 19:26. 따라서 다니엘의 부분 금식을 통해 건강에 위해를 가하거나 부정적 통념의 대상이 되는 세속적인 음식을 멀리하는 결심을 실현할 수도 있습니다.

2) 성경 속의 다니엘의 부분 금식

다니엘의 대표적인 금식 사례로써 주로 인용되는 것은 세 이레21일 동안 행한 부분 금식입니다. 다니엘은 21일 동안 궁중에서 제공되는 좋은 떡과 고기, 포도주를 입에 대지 않았고단 10:3, 기름을 바르지도 않았습니다. 이는 오늘날에도 기름진 음식이나 진수성찬을 거부하고 소박한 음식만을 섭취하며 기도하는 형태로 적용할 수 있습니다.

특히 스마트폰이나 컴퓨터의 사용, TV 시청, 또는 자신이 즐기는 오락과 취미를 멈추는 절제된 삶으로도 행할 수 있습니다. 이는 일상의 삶에서 부분 금식을 통해 과도한 음식 섭취를 줄이는 한편, 단조로운 삶을 유지하며 남는 시간을 기도의 시간으로 전환하여 하나님과 깊은 관계를 맺는 금식의 방법입니다. 포도주와 독주를 멀리하는 나실인의 서약 역시 광범위한 맥락에서 다니엘의 부분 금식의 일종으로 볼 수 있습니다민 6:2-3. 일정한 기간 동안 자기 부정의 행위를 통해 스스로를 구별하는 나실인의 서원은 대개 서원의 기간 동안에만 지켜졌는데, 이는 일정 기간 동안 금식을 작정하고 하나님께 기도하는 다니엘의 부분 금식의 원리와 잘 부합됩니다.

3) 다니엘의 부분 금식의 의의

다니엘의 부분 금식은 금식기도에 대한 두려움이 있거나 금식하기 어려운 환경의 제약이 있는 경우 취할 수 있는 금식의 형태입니다. 따라서 다니엘의 부분 금식은 금식에 대한 진입 장벽을 낮추는 방법으로 기능하여 금식의 경험이 많지 않은 성도에게 적합합니다. 다니엘의 부분 금식은 금식의 참된 의미가 단순히 음식에 국한되지 않음을 시사하는 금식으로써, 생활 습관 중에서 절제해야 할 부분을 절제하고 기도에 집중하도록 하는 교훈을 제공합니다. 그러므로 다니엘의 부분 금식은 세속의 음식을 끊고 기도하며 더욱 내면과 외면의 얼굴이 아름다워지고 살이 올라 윤택해지는 은혜도 체험하는 통로가 될 수 있습니다.

Q 금식 중에 새 힘을 얻고 피곤하지 않았던(사 40:27-31) 경험이 있습니까? 만약 그렇다면 그러한 경험에 대하여 나누어 봅시다.

2. 부분 금식

1) 금식의 형태

부분 금식은 연속된 금식이 아니라 식사와 단식을 교차하는 형태의 금식입니다. 예를 들어 일주일에 3일씩 14주간 금식함으로써 40일 금식을 완성하거나, 일주일에 1일 금식하는 형태로 21주를 지속하여 21일, 즉 세 이레단 10:3를 채우는 방식으로 변형하여 취할 수 있습니다. 금식기도를 작정한 기간 동안 격일로 하는 간헐적 금식의 형태 역시 부분 금식에 해당합니다. 부분 금식은 다니엘이 금식 기간 중에 좋은 떡과 고기, 포도주를 입에 대지 않고 기름을 바르지 않은 것처럼 경건한 마음으로 기도하는 한편, 일상의 삶을 유지하는 데 큰 지장을 초래하지 않기 때문에 금식을 결심하는 데에 큰 부담을 주지 않습니다.

2) 성경 속의 부분 금식

부분 금식은 식사와 단식을 교차하여 병행하는 금식일 뿐만 아니라 넓게 보면 기도 제목을 놓고 금식하는 경우를 포괄합니다. 성경에는 특별한 제목을 가지고 금식하며 기도한 수많은 사례가 가득합니다.

구약성경에서 아들을 낳지 못해 브닌나를 통해 핍박을 받았던 한나는 금식하며 기도하여 아들을 얻었고삼상 1:7, 20, 니느웨를 향한 심판 선포를 거부하고 도망하다가 물고기 배 속에 삼켜졌던 요나는 강권적으로 3일간 금식하여 다시 육지로 나왔으며욘 1:17-2:10, 다윗은 자신이 밧세바와의 간음으로 낳은 아이의 생명을 위하여 기도했습니다삼하 12:16.

신약성경에서도 성전을 섬기던 늙은 과부 안나는 주야로 금식하며 섬기다가 아기 예수의 메시아 되심을 선포하였고눅 2:37-38, 다메섹 도상에서 예수님을 만나 3일간 먹지도 마시지도 못한 사도 바울은행 9:9 선교를 위해 로마로 가다가 풍랑을 만나 14일간 금식한 후 구조되었는데행 27:33, 44, 그 바울과 바나바를 안디옥 교회의 지도자들이 금식하고 기도하며 안수하여 선교사로 파송했습니다행 13:1-3.

3) 부분 금식의 의의

부분 금식은 연속된 금식의 생활적 제약과 신체의 한계를 뛰어넘어 오랜 기간 동안 기도를 이어갈 수 있고, 작정한 금식의 기간을 비교적 용이하게 채울 수 있는 금식의 형태입니다. 직장과 사업장 등 생업에 종사하여 전면적인 금식을 하기 어려운 대부분의 그리스도인에게 부분 금식은 금식의 장애 요인을 극복하고 하나님께 기도하도록 돕습니다.

따라서 일상의 삶 속에서 특별한 기도 제목을 가지고 기도해야 할 때에 활용 가능한 것이 바로 부분 금식입니다느 1:4; 욜 2:12. 하루 세끼를 모두 금식하지 못한다 하더라도 아침, 점심, 저녁 중 한 끼를 작정하여 금식할 수도 있고, 교회 공동체가 특별한 행사를 준비하며 교인들이 돌아가며 릴레이로 금식하는 경우에도 부분 금식은 유용한 수단이 됩니다. 가정에서도 특별한 기도 제목이 있을 때에 가족들이 돌아가며 금식하는 수단으로 활용할 수 있기 때문에, 부분 금식은 함께 기도하며 건강한 신앙의 가정을 이루는 데에도 유용합니다.

Q 안디옥 교회가 복음을 전하는 사역을 위해 금식하며 기도한 것은 어떠한 변화를 가져왔나요? (cf. 행 13:1-3)

적용을 위한 다짐과 실천

① 지난 한 주간 동안 나에게 베푸신 하나님의 은혜에 대하여 나누어 봅시다.

② 지금까지 '금식기도의 유형' 중 다니엘의 부분 금식과 부분 금식에 대해 공부했습니다. 오늘 공부에서 느끼고 깨달은 바를 함께 나누어 봅시다 sharing time.

③ 부분적으로 금식할 때 주의해야 할 점은 무엇일까요?

④ 일상생활에서 금식할 때 어떤 마음가짐을 가져야 할까요?

⑤ 일상생활의 금식기도가 주는 유익에 대하여 생각해 봅시다.

오늘의 과제 일상적 삶의 영성이 중요한 이유를 적어 봅시다.

암송 구절

"당신은 가서 수산에 있는 유다인을 다 모으고 나를 위하여 금식하되
밤낮 삼 일을 먹지도 말고 마시지도 마소서
나도 나의 시녀로 더불어 이렇게 금식한 후에
규례를 어기고 왕에게 나아가리니 죽으면 죽으리이다"

에스더 4:16

"Go, gather together all the Jews who are in Susa, and fast for me.
Do not eat or drink for three days, night or day.
I and my attendants will fast as you do.
When this is done, I will go to the king, even though it is against the law.
And if I perish, I perish."

Esther 4:16

금식기도 선포문

나는 하나님 앞에 삶이 온전히 변화되기 위해
성경적 금식기도 유형을 따라
능력 있는 금식을 실천 할 것입니다!

묵상 명언

금식은 단순한 희생이 아니라,
하나님께 내 마음을 온전히 드리는 헌신이다.

존 웨슬리 John Wesley

Fasting Pr

06

금식기도의 지혜와 방법

yer School

06 금식기도의 지혜와 방법

우리나라의 한 대형교회의 원로목사님은 처음 복음을 받아들인 후, 보다 성숙한 신앙생활을 하고 싶어 금식기도를 결심했습니다. 예수님처럼 40일 금식을 작정하고 싶었지만, 처음 하는 금식이었기에 절반인 20일로 목표를 정하고 도심에서 떨어진 조용한 마을에 방을 얻어 기도에 들어갔습니다.

첫날에는 힘을 내어 버텼지만, 3일째가 되자 뱃속에서 꼬르륵 소리가 요동치며 울려 퍼졌고, 허기는 견디기 힘들 정도로 몰려왔습니다. 그때 창문 밖으로 보이는 감나무가 눈에 들어왔습니다. 가지마다 주렁주렁 매달린 감 열매는 마치 에덴동산에서 하와의 눈에 보였던 열매처럼 먹음직스럽고 보암직해 보였습니다창 3:6.

결국 감나무 열매는 마음속에서 떠나지 않았고, 목사님은 열매를 따내고 싶다는 유혹에 시달렸습니다. 예수님처럼 유혹을 이겨보겠다고 결심하며 일주일을 버텼지만, 인간의 한계를 뛰어넘는 고통 속에서 결국 감을 따서 입에 넣은 순간 금식기도의 결심은 무너지고 말았습니다.

이후, 목사님은 준비 없는 금식기도가 얼마나 쉽게 실패할 수 있는지에 대해 교훈을 나누고, 지혜로운 금식기도의 필요성을 강하게 역설하였습니다.

묵상 금식 중 다가올 수 있는 유혹과 신앙의 한계를 극복하기 위한 지혜로운 준비 방법에는 무엇이 있을지 생각해 봅시다.

금식기도지수
체크 리스트

Fasting Prayer Quotient Check List

당신의 금식기도지수FPQ는?

아래의 문항을 읽고 나에게 해당하는 것을 체크해 보세요. ☑

① 지혜로운 금식기도를 위해 먼저 하나님께서 원하시는 금식에 대해 기도한 적이 있는가?	☐
② 어떤 기도 제목을 가지고 어떤 방법으로 금식할지를 결정했는가?	☐
③ 금식기도 하기 전 내가 정한 기도 제목은 하나님 앞에 온전하다고 생각하는가?	☐
④ 금식기도를 잘 마치기 위해 필요한 건강 상태는 점검했는가?	☐
⑤ 금식기도 중에 읽을 성경과 경건 서적을 준비했는가?	☐

나에게 해당하는 문항은 몇 개인가요? _____ 개

체크하지 못한 문항의 내용을 다시 점검하고,
앞으로 이를 적용할 수 있는 방법을 생각해 봅시다.

성경과의 만남

사도행전 13장 1절에서 3절까지 읽어보십시오.

1 안디옥 교회에 선지자들과 교사들이 있으니 곧 바나바와 니게르라 하는 시므온과 구레
네 사람 루기오와 분봉 왕 헤롯의 젖동생 마나엔과 및 사울이라 2 주를 섬겨 금식할 때에
성령이 이르시되 내가 불러 시키는 일을 위하여 바나바와 사울을 따로 세우라 하시니 3 이
에 금식하며 기도하고 두 사람에게 안수하여 보내니라

1. 안디옥 교회의 다섯 명 지도자들의 구성상 특징은 무엇입니까? 1절

2. 각기 다른 배경을 가진 사람들을 연합하게 한 원동력은 무엇일까요? 2절

3. 안디옥 교회에 금식기도의 영성과 선교적 사명을 동기부여 하신 분은 누구일까요? 2절

4. 교회의 직분자를 세울 때에 필요한 자세는 어떤 것이어야 합니까? 1-3절, cf. 행 14:23

5. 금식기도를 통해 성령께 받은 명령을 수행할 때에 다시 금식기도한 이유는 무엇입니까? 3절

금식기도의 지혜와 방법

금식기도를 하기 전에 어떤 기도 제목을 가지고 어떤 방법으로 금식할지를 결정하는 것은 금식기도를 성공적으로 마치기 위하여 필요한 선행 작업입니다. 지혜로운 금식기도를 위해서는 무엇보다도 하나님께서 원하시는 금식의 종류를 먼저 묻는 것이 필요하고, 그러한 물음에 대하여 후히 주시고 꾸짖지 아니하시는 하나님께서 지혜를 주셔서 응답하실 것입니다약 1:5.

1. 어리석은 금식의 사례

1) 성급한 서원

이스라엘의 초대 왕 사울은 블레셋과의 첫 전쟁을 벌이며 긴장했습니다. 이스라엘의 군대는 3천 명에 불과한 민병대 수준으로 사울과 요나단에게만 칼과 창이 있었습니다. 반면, 블레셋은 철기로 무장한 병거가 3만 명, 마병이 6천 명, 보병은 해변의 모래처럼 많았기 때문입니다삼상 13:1-23. 그래서 사울은 요나단의 용맹으로 인해 블레셋 군대가 혼란하여 서로 칼로 치는 모습을 보고, 그들을 뒤쫓아야 할 백성들에게 성급하게 금식을 선포했습니다삼상 14:24.

2) 사울의 불신

이같이 성급한 금식 선포는 사울의 불신으로 인한 것입니다. 블레셋 군대의 수를 보고 두려워한 사울은 사무엘 선지자가 오기 전에 자신이 하나님께 번제를 드리는 실수를 범했습니다삼상 13:8-15. 하나님의 은혜로 블레셋 군대가 자멸하는 모습을 보고도 하나님을 신뢰하지 못하고 인간적인 결심을 통해 하나님의 마음을 얻으려고 금식을 명령했습니다.

3) 금식 서원보다 더 큰 죄악

사울은 성급한 금식 서원을 통해 이스라엘 백성이 율법을 범하도록 조장하였고, 잘못된 금식 서원을 지키기 위하여 보다 더 큰 죄악을 저지르려 하였습니다. 우선 이스라엘 백성들은 블레셋 잔당을 치는 과정에서 심히 피곤하여 탈취한 양과 소, 송아지들을 잡아 피째 먹어 하나님의 율법을 범했습니다삼상 14:31-33; cf. 창 9:4; 레 17:10-16; 신 12:20-28. 더욱 잘못된 것은 아들 요나단이라도 반드시 죽으리라고 선포한 것입니다삼상 14:36-42.

Q 어리석은 금식과 대조되는 지혜로운 금식의 모습은 어떤 것입니까? (cf. 삼상 13:1-14:46)

2. 지혜로운 금식

1) 기도 제목의 정리

지혜롭고 온전한 금식은 기도로 준비해야 합니다. 이는 우선 금식 중에 하나님께 아뢸 기도 제목들을 정리하는 데에서 시작합니다. 목표가 뚜렷

하지 않으면 금식기도 중에 쉽게 권태감을 느껴서 끝까지 지속하기가 어렵기 때문입니다. 하나님께서 기뻐하시는 금식은 온전하고 성결한 마음가짐을 바탕으로 하나님께 기도하며 하나님과 소통하는 것입니다. 따라서 어떤 기도 제목들을 가지고 하나님께 아뢸지를 결정하는 것이 하나님과 동행하는 금식 기간의 초석이 됩니다.

2) 금식 기간의 결정

특별한 기도 제목을 가지고 금식기도를 결정했다면 다음 단계는 자신의 건강 상태를 점검하여 금식 기간을 결정하는 것입니다. 필요하다면 병원에서 검진을 받고 의사의 조언을 구한 후에 어느 정도 기간의 금식이 적당한지를 가늠해야 합니다. 지병이 있거나, 정기적으로 약을 복용하거나, 장기간의 금식을 결정하기 위해서는 의사와 상의하는 것이 좋습니다.

건강한 성인의 경우 일반적으로 금식 초기에 어지러움이나 두통, 구역질과 같은 불쾌한 증상들이 나타날 수 있지만 하루이틀 지나면 그러한 증상들이 사라진다는 사실도 미리 숙지해야 금식 기간 중에 당황하지 않을 수 있습니다.

3) 금식기도의 장소 결정

마지막으로 어디에서 금식기도 할 것인가를 결정해야 합니다. 기도 제목과 금식 기간을 고려하여 신뢰할 만한 복음주의적 신앙의 배경을 가지고 있는 금식기도원 또는 홀로 기도에 집중할 수 있는 한적한 곳을 찾거나, 일상생활을 유지하며 금식기도할 것인지를 결정해야 합니다. 장기간 집중해서 기도하는 경우에는 금식기도원 또는 개인적으로 기도에 전념할 수 있는 장소를 선정해야 하며, 단기간 기도 제목을 놓고 기도하는 경우에는 일상생활을 영위하며 금식할 수도 있습니다.

Q 범사에 기한이 있고 천하 만사가 다 때가 있다는 말씀(전 3:1-15)이 금식기도와 관련하여 의미하는 바는 무엇인지 묵상해 봅시다.

3. 지혜로운 금식의 방법

1) 교통편과 생활필수품의 준비

금식 중에 필요한 생활필수품은 미리 준비하는 것이 원만한 금식에 도움이 됩니다. 생활필수품은 금식 기간에 부합되는 정도의 세면도구와 여벌의 옷, 수건 등으로 간결하게 준비하는 것이 좋습니다. 기본적으로 챙겨야 할 성경과 헌금은 물론 경건 서적을 준비하면 매일의 묵상에 도움이 됩니다. 금식 기간 중에 매일 냉수를 대여섯 컵 분량으로 마시는 것이 좋습니다. 따라서 장기간 금식하는 경우 탈진을 방지하기 위하여 생수 및 염분 섭취를 위한 소금을 준비하는 것이 바람직합니다.

또한 금식기도원에서 금식하는 경우에는 적절한 교통편을 확보하여 이동 중에 체력을 소모하지 않도록 하는 것이 필요합니다.

2) 중보기도의 요청

금식기도의 제목에 따라 필요시 가족이나 신앙 공동체의 중보기도를 요청할 수 있습니다. 중보기도는 전쟁을 승리로 이끌고출 17:8-16, 갇힌 베드로가 풀려나게 하고행 12:1-19, 질병이 떠나가게 합니다약 5:16. 중보기도의 원리는 한 사람이면 넘어지고, 차가운 세상에 밀릴 수 있고, 패할 수 있지만 두 사람이면 맞설 수 있고, 쉽게 끊어지지 않는 세 겹 줄의 능력이 임한다는 교훈을 상기시킵니다전 4:9-12.

3) 금식기도 집중을 위한 준비

온전한 금식기도를 위해서는 먼저 회개하는 기도를 드려서 하나님 마음에 합한 심령으로 하나님 앞에 나아가야 하며, 이후 신체적인 준비를 해야 합니다. 장기간 금식하는 경우 미리 식사량을 조절해서 소화 기관이 적응할 수 있도록 시간을 충분히 갖는 것이 바람직하며, 금식 이후 보호식에 대한 준비도 갖추는 것이 좋습니다.

일상의 삶을 유지하며 금식하는 경우에는 가급적 음식이나 식사 자리를 멀리할 수 있도록 환경을 조정함으로써 불필요한 유혹을 방지해야 합니다. 또한 금식으로 인해 자기 의에 빠지지 않도록 금식 기간 중에는 매일 성경 말씀을 통해 겸손히 자신을 성찰하며 기도에 집중해야 할 것입니다시 10:17, 147:6; 잠 3:34, 15:33; 마 11:29; 벧전 5:6.

Q 세상의 지혜와 다른 하나님의 지혜는 어떤 의미를 가질까요? (cf. 고전 1:18-25, 2:6-16)

적용을 위한 다짐과 실천

① 지난 한 주간 동안 나에게 베푸신 하나님의 은혜에 대하여 나누어 봅시다.

② 지금까지 '금식기도의 지혜와 방법'에 대해 공부했습니다. 오늘 공부에서 느끼고 깨달은 바를 함께 나누어 봅시다 sharing time.

③ 금식기도를 시작하기 전에 기도 제목을 정리해야 하는 이유는 무엇일까요?

④ 금식 기간과 장소를 결정하는 데 중요한 요소는 무엇입니까?

⑤ "뱀 같이 지혜롭고 비둘기 같이 순결하라"마 10:16는 구절을 통해 금식기도의 지혜로운 방법에 대하여 생각해 봅시다.

오늘의 과제 지혜로운 금식은 어떤 것인지 한 문장으로 정의해 봅시다.

암송 구절

"각 교회에서 장로들을 택하여 금식기도 하며
그들이 믿는 주께 그들을 위탁하고"

사도행전 14:23

"Paul and Barnabas appointed elders for them
in each church and, with prayer and fasting,
committed them to the Lord, in whom they had put their trust."

Acts 14:23

금식기도 선포문

나는 하나님께서 원하시는 금식을 구하며
지혜를 얻어 금식기도로 응답받아
믿음 안에서 날마다 성장하겠습니다!

묵상 명언

금식기도는 우리가 나날이 당하는 여러 가지 시험과 환난에서
승리할 수 있는 능력 있는 믿음을 얻게 한다.

최자실 Rev. Jashil Choi

Fasting Pr

07

금식기도의 능력과 응답

yer School

07 금식기도의 능력과 응답

영국 케임브리지대학교의 철학교수인 데릭 프린스Derek Prince는 제2차 세계대전 당시 1941년부터 1943년까지 북아프리카에서 영국군 의무병으로 복무했습니다. 1942년 7월, 영국군은 독일군에게 계속 패배하여 이집트와 수에즈 운하, 팔레스타인까지 연결되는 결정적 지점인 엘 알라메인El Alamein까지 후퇴하였고, 이제 최후의 일전을 앞두고 있었습니다. 북아프리카 사막에 주둔할 당시부터 매주 수요일을 금식기도의 날로 정하여 기도하던 데릭 프린스는 엘 알라메인 전투에 훌륭한 지휘관을 보내주시고, 영국군의 승리를 통해 하나님께 영광을 돌릴 수 있게 해 달라고 간구했습니다.

당시 영국의 수상 윈스턴 처칠Winston Leonard Spencer Churchill은 무명의 버나드 몽고메리Bernard Law Montgomery 장군을 후임 사령관으로 임명하고 급파했습니다. 복음주의적 영국 국교회 주교의 아들이었던 몽고메리 장군은 엘 알라메인 전투 바로 전날 장병들을 모아놓고 전쟁에 능하신 하나님께서 승리를 주시도록 함께 기도하자고 말했습니다. 다음 날 영국군은 승리를 거두었으며, 이 전투는 제2차 세계대전 역사상 최초의 연합군 측 거대 승리로 기록되며 전쟁의 양상을 바꾸기 시작했고, 이집트와 수에즈 운하와 팔레스타인 지역, 그리고 그 지역의 유대인들을 지킬 수 있었습니다.

묵상 금식을 온전케 하는 마음 자세는 무엇인지 생각을 나누어 봅시다.

금식기도지수
체크 리스트

Fasting Prayer Quotient Check List

당신의 금식기도지수FPQ는?

아래의 문항을 읽고 나에게 해당하는 것을 체크해 보세요. ☑

① 금식기도는 악한 세력을 물리치고 영적 승리를 선포하는 것임을 확신하는가?	☐
② 하나님의 긍휼을 얻기 위해 금식기도를 해 본 적이 있는가?	☐
③ 성령님께서 금식기도의 모든 과정을 돌보고 계심을 믿는가?	☐
④ 금식기도의 가장 큰 응답은 하나님과의 친밀한 관계임을 믿는가?	☐
⑤ 금식기도를 통해 하나님께서 교회도 영적 부흥을 허락해 주심을 믿는가?	☐

나에게 해당하는 문항은 몇 개인가요? _____ 개

체크하지 못한 문항의 내용을 다시 점검하고,
앞으로 이를 적용할 수 있는 방법을 생각해 봅시다.

성경과의 만남

에스라 8장 21절에서 23절까지 읽어보십시오.

21 그 때에 내가 아하와 강 가에서 금식을 선포하고 우리 하나님 앞에서 스스로 겸비하여
우리와 우리 어린 아이와 모든 소유를 위하여 평탄한 길을 그에게 간구하였으니 22 이는
우리가 전에 왕에게 아뢰기를 우리 하나님의 손은 자기를 찾는 모든 자에게 선을 베푸시
고 자기를 배반하는 모든 자에게는 권능과 진노를 내리신다 하였으므로 길에서 적군을
막고 우리를 도울 보병과 마병을 왕에게 구하기를 부끄러워 하였음이라 23 그러므로 우리
가 이를 위하여 금식하며 우리 하나님께 간구하였더니 그의 응낙하심을 입었느니라

1. 에스라가 백성들에게 금식을 선포한 이유는 무엇입니까? 21절

2. 금식기도에 앞서서 우리는 어떤 영적 태도를 갖추어야 합니까? 21절

3. 하나님은 어떤 사람의 금식기도에 응답하실까요? 22절

4. 개인과 공동체의 위협 가운데 금식기도해야 하는 이유는 무엇입니까? 22절

5. 에스라의 기도는 결국 어떤 응답을 받았습니까? 23절; cf. 31절

금식기도의 능력과 응답

금식기도는 악한 세력을 물리치는 승리를 선포하는데대하 20:1-30, 우리의 싸우는 무기는 육신에 속한 것이 아니라 어떤 견고한 진도 무너뜨리는 하나님의 능력이기 때문입니다고후 10:4. 심지어 이스라엘의 대적이었던 앗수르의 수도 니느웨 백성들조차 왕으로부터 짐승들까지 음식을 입에 대지 못하게 하고 기도했을 때 하나님께서 재앙을 내리지 않으셨습니다욘 3:1-10. 이는 어느 민족이든 하나님의 음성을 듣고 악에서 돌이키면 재앙을 내리지 않으시겠다는 하나님의 약속에 근거한 결과입니다렘 18:7-10.

1. 금식기도의 능력

1) 전능하신 하나님의 은혜가 임함

기도는 유한한 피조물이자 죄성으로 얼룩진 인간이 전지전능하시고 완전하시고 거룩하신 하나님의 품속으로 들어가는 것입니다. 우리가 구하기 전에 하나님은 우리에게 있어야 할 것을 다 아시지만마 6:8, 인간의 교만한 죄성은 우리가 구하지 않은 것을 받을 때 그것이 하나님께서 주신 것이라고 생각하지 않습니다. 그렇기 때문에 우리는 기도 제목을 가지고 기도해야 합니다. 금식기도 할 때는 인간적인 경험이나 일반적인 상식선에서 그 방법이나 응답을 제한할 것이 아니라 전능하신 하나님을 믿고 모든 필요를 아뢰어야 합니다.

2) 그리스도의 구원이 임함

금식기도함에 있어서 간과하지 말아야 할 점은 일상생활 중에 미리 기도를 쌓아야 한다는 점입니다. 특별한 위기 상황을 맞아 급박한 상황에서 하는 금식보다 평상시 성령과 동행하며 미리 금식을 작정하는 것이 훨씬 바람직하고, 덜 부담이 되기 때문입니다. 평상시 금식하며 기도할 때에 성령께서는 우리의 연약함을 도우셔서 우리가 마땅히 기도할 바를 알지 못할 때에도 말할 수 없는 탄식으로 우리를 위하여 친히 간구하십니다롬 8:26. 결국 예수 그리스도의 말씀을 따라 믿음으로 기도하면롬 10:17, 믿음에서 믿음으로 이르게 되며롬 1:17, 영광에서 영광에 이르게 됩니다고후 3:18.

3) 성령의 능력이 임함

여호와야훼 하나님은 이스라엘 백성들을 향해 금식하고 울며 애통하고 마음을 다하여 하나님께로 돌아오라고 촉구하셨고욜 2:12, 시온에서 나팔을 불어 거룩한 금식일을 정하고 성회를 소집하라고 말씀하셨습니다욜 2:15. 그 때에 하나님은 당신의 백성을 불쌍히 여기시고 이른 비와 늦은 비와 같이 때에 맞는 필요를 채워주시며, 성령을 만민에게 부어 주셔서 자녀들이 장래 일을 말하고, 늙은이는 꿈을 꾸며, 젊은이는 이상을 볼 것이고, 궁극적으로 여호와야훼 하나님의 이름을 부르는 모든 이에게 구원을 베풀어 주실 것입니다욜 2:18-32.

Q 금식기도의 능력은 어떤 경우에 나타났나요? 그 능력이 온전히 발휘되도록 하기 위해 필요한 것은 무엇일까요? (cf. 막 9:14-29)

2. 금식기도의 응답

1) 개인적인 응답

금식기도는 개인을 억압하는 흉악의 결박을 풀고, 멍에의 줄을 끌러 주며, 압제로부터 자유케 함으로써 모든 멍에를 꺾습니다사 58:6. 이는 우는 사자와 같이 두루 다니며 삼킬 자를 찾는 사탄의 권세로부터 보호함을 뜻합니다벧전 5:8. 우리가 금식기도를 통해 부르짖을 때에 하나님은 응답하시며, 우리가 부르짖을 때에 "내가 여기 있다"고 말씀하십니다사 58:9. 믿음 없는 이방인처럼 많은 말을 해야 하나님께서 들으시는 것이 아니라 믿음의 백성이 기도할 때 이미 모든 필요를 아시는 하나님께서 아시고 응답하십니다마 6:7-8. 그러므로 하나님의 뜻을 구하며 기도하면 반드시 응답의 열매를 맺습니다.

2) 교회의 응답

금식기도는 신앙 공동체인 교회를 통해서도 응답됩니다. 이스라엘 공동체가 속죄일에 금식하며 기도할 때에 응답하신 하나님은민 29:7 오늘도 살아서 역사하시며 동일하게 응답하시는 분입니다. 때로는 응답이 더딜 수도 있습니다. 하지만, 그리스도의 몸된 교회가 세상 속에서 시험을 이기고 연합하여 만물을 충만하게 하시는 이의 충만함을 나타내는 단단한 공동체를 이룰 수 있도록 오랜 기간 연단하실 때도 있음을 믿고 꾸준히 기도해야 합니다엡 1:22-23. 그럴 때는 더욱 말씀을 중심으로 기도하며 감사의 찬송을 통해 사탄의 권세를 물리치면 교회를 향한 박해와 어려움이 사라지고 평안하여 든든히 서 가며, 주를 경외함과 성령의 위로로 말미암아 수가 더 많아지는 부흥을 경험하게 될 것입니다행 9:31.

3) 사회 공동체의 응답

금식기도는 나라와 민족의 구원을 통해 응답됩니다. 이스라엘 백성들은 국가적 위기에 처했을 때 금식하며 기도했고에 4:16, 이방 족속인 니느웨조차 금식하며 기도함으로써 하나님의 진노를 피했습니다욘 3:5. 사무엘이 블레셋과의 전쟁을 앞두고 이스라엘 백성들을 모으고 미스바에서 금식기도했을 때 블레셋이 패배하고, 사무엘이 사는 날 동안 다시는 이스라엘을 쳐들어오지 못했습니다삼하 7:1-14. 또한 앗수르의 산헤립이 대군을 이끌고 남유다 왕국을 공격했을 때도 히스기야 왕이 이사야 선지자와 함께 기도하자 앗수르군 18만 5천 명이 하루아침에 몰살당했습니다왕하 19:1-37.

이처럼 흉악의 결박을 풀어 주고, 멍에의 줄을 끌러 주며, 압제당하는 자를 자유하게 하며, 모든 멍에를 꺾으시는사 58:6 하나님의 응답은 개인과 신앙 공동체, 그리고 사회 공동체를 통해 확증됩니다.

Q 우리가 예수 그리스도 안에 거하고, 그리스도의 말씀이 우리 안에 거할 때 무엇이든지 원하는 대로 구하면 이룬다는 말씀(요 15:7)의 의미는 무엇입니까?

3. 금식기도의 응답의 열매

1) 신체적 건강

심장 질환, 각종 암, 당뇨병 등은 모두 당분과 지방 등을 과다하게 섭취하는 것과 관련이 있습니다. 하지만 금식 기도를 무사히 마치면 신체 기능이 회복되고, 비만이 사라지고 신진대사가 원활해져서 건강이 회복됩니다. 내장의 기름기가 빠지고, 몸의 노폐물과 독소가 금식 기간에 모두 배출되기 때문에 장기의 기능이 회복되어 세포가 활성화되고 피부가 좋아집니다. 하나님의 형상으로 창조된 인간은 영과 혼과 육으로 구성된 통일체이기 때문에살전 5:23; 히 4:12, 금식기도 이후의 신체적 건강은 정신적 평안과 영적 성숙과 함께 임합니다.

2) 정신적 평안

하나님의 은혜와 평안을 체험하도록 하는 금식기도는 마음의 염려를 물리치고, 음식에 과도하게 의존하는 정서적 허기를 벗어나게 합니다. 금식기도를 통해 임하는 정신적 평안은 믿음의 성숙과 연결되어 있습니다. 의심과 두려움, 낙심하는 마음이 생기는 이유는 좋으신 하나님께서 모든 일을 주관하신다는 사실을 깨닫지 못하기 때문입니다.

금식기도는 우리의 뜻을 하나님의 뜻에 맞추고마 6:10, 그 뜻을 깨달아 알게 하기 때문에단 9:22 인간적인 조급한 마음을 내려놓고 하나님을 신뢰함으로써 정신적인 기쁨과 평안을 누릴 수 있습니다시 118:5-9. 따라서 금식하며 기도하는 단순한 삶은 인생의 우선순위를 제고하며마 6:33, 상처받은 마음과 불안과 염려로 얼룩진 감정이 사라집니다시 91:4-6; 사 41:10; 벧전 5:7.

3) 영적 성숙

금식은 육체적 활동이지만 기도는 영적인 활동이므로 금식기도를 통해 육체적인 세속의 관심을 하나님께로 돌려서 전능하신 하나님과의 깊은 관계로 인도합니다. 그러므로 금식기도를 통해 하나님께서 주시는 평안과 믿음의 확신을 체험하여 하나님의 위대하심을 깨닫고 성령의 인도하심을 따라 승리하는 새로운 삶으로 도약하게 됩니다요 10:10.

그러한 새로운 마음에는 하나님의 선하시고 기뻐하시고 온전하신 뜻을 분별하는 믿음의 분별력이 깃들며롬 12:1-2, 금식기도를 성공적으로 마친 그리스도인은 하나님과 동행하는 삶을 통해 세속을 초월한 영적인 풍요로움을 누립니다.

Q 눈물로 씨앗을 뿌리면 기쁨으로 단을 거둔다는 말씀(시 126:5-6)의 의미는 무엇입니까?

FASTING
PRAYER SCHOOL

적용을 위한 다짐과 실천

① 지난 한 주간 동안 나에게 베푸신 하나님의 은혜에 대하여 나누어 봅시다.

② 지금까지 '금식기도의 능력과 응답'에 대해 공부했습니다. 오늘 공부에서 느끼고 깨달은 바를 함께 나누어 봅시다 sharing time.

③ 금식기도의 응답을 얻기 위해 가져야 할 올바른 마음가짐은 어떤 것일까요?

④ 내가 금식기도를 통해 경험한 하나님의 응답에는 어떤 것들이 있었는지 나누어 봅시다.

⑤ 금식기도의 응답을 기다리며 불안과 염려가 임할 때 이를 이길 수 있는 방법에 대하여 생각해 봅시다.

오늘의 과제 금식기도가 응답받기 위해 필요한 신앙의 자세에 대하여 생각해 봅시다.

암송 구절

"주를 섬겨 금식할 때에 성령이 이르시되
내가 불러 시키는 일을 위하여
바나바와 사울을 따로 세우라 하시니
이에 금식하며 기도하고 두 사람에게 안수하여 보내니라"

사도행전 13:2-3

"While they were worshiping the Lord and fasting,
the Holy Spirit said, "Set apart for me
Barnabas and Saul for the work to which I have called them."
So after they had fasted and prayed,
they placed their hands on them and sent them off."

Acts 13:2-3

금식기도 선포문

나는 하나님께서 금식기도를 통해 나를 만나주시고,
응답해 주시는 좋으신 하나님이심을 믿습니다!

묵상 명언

금식기도를 할 때 자신의 현재 상태와 모습들이 발견될 것이며,
하나님을 향한 첫사랑의 놀라운 감격과 능력을
신속히 회복하게 될 것이다.

조용기 Rev. David Yonggi Cho

Fasting Pr

08

금식기도 후 보호식과 관리

yer School

08 금식기도 후 보호식과 관리

평화의 기도로 잘 알려진 성 프란시스Saint Francis of Assisi가 그의 제자들과 함께 40일 금식기도를 했는데, 제자 중의 한 사람이 그냥 금식하기 보다는 그리스도에 대한 사랑을 확고히 하기 위하여 매일 스프를 만들어 놓고 그 스프 향기를 이기며 기도하고자 제안했습니다. 39일째 되는 날 한 젊은 제자가 그만 스프 냄새에 이끌려 자기도 모르게 한 수저 떠서 먹어버렸습니다. 모든 제자가 일제히 눈을 부릅뜨고 그 제자를 노려보는 한편, 유혹에 넘어간 젊은 제자를 엄하게 꾸짖어 주기를 바라며 스승 프란시스를 향해 얼굴을 돌렸습니다.

그런데 프란시스는 말없이 숟가락을 집어 들더니 젊은 제자가 먹었던 스프를 천천히 떠먹기 시작했습니다. 놀라움과 경악의 눈길로 스승을 쳐다보고 있는 제자들을 향해 프란시스는 이렇게 말했습니다.

“우리가 금식을 하며 기도를 드리는 것은 모두가 예수님의 인격을 닮고 그분의 성품을 본받아 서로를 용납하고, 사랑하자는 것입니다. 저 젊은이가 유혹을 이기지 못하고 스프를 떠먹은 것은 죄가 아닙니다. 그를 정죄하고 배척하는 것이야말로 큰 죄입니다. 굶으면서 서로 미워하는 것보다는 실컷 먹고 사랑하는 것이 더 낫습니다.”

묵상

성 프란시스는 금식기도의 참된 목적이 예수님의 성품을 닮아 사랑을 실천하는 것이라고 말했습니다. 나도 예수님의 성품을 닮아가고 있는지 생각해 봅시다.

금식기도지수
체크 리스트

Fasting Prayer Quotient Check List

당신의 금식기도지수FPQ는?

아래의 문항을 읽고 나에게 해당하는 것을 체크해 보세요. ☑

① 금식기도에 있어서 보호식의 중요성을 알고 있는가?	☐
② 보호식 일지를 작성하는 방법을 알고 있는가?	☐
③ 금식기도 이후에도 하나님과 동행하는 능력 있는 삶을 살겠다고 결심했는가?	☐
④ 금식기도 이후에 자기의 의와 교만을 경계해야 하는 이유를 알고 있는가?	☐
⑤ 금식기간 이후에도 여전히 능력 주시는 임마누엘의 하나님을 믿는가?	☐

나에게 해당하는 문항은 몇 개인가요? _____ 개

체크하지 못한 문항의 내용을 다시 점검하고,
앞으로 이를 적용할 수 있는 방법을 생각해 봅시다.

성경과의 만남

마태복음 9장 14절에서 17절까지 읽어보십시오.

14 그 때에 요한의 제자들이 예수께 나아와 이르되 우리와 바리새인들은 금식하는데 어찌
하여 당신의 제자들은 금식하지 아니하나이까 15 예수께서 그들에게 이르시되 혼인집 손
님들이 신랑과 함께 있을 동안에 슬퍼할 수 있느냐 그러나 신랑을 빼앗길 날이 이르리니
그 때에는 금식할 것이니라 16 생베 조각을 낡은 옷에 붙이는 자가 없나니 이는 기운 것이
그 옷을 당기어 해어짐이 더하게 됨이요 17 새 포도주를 낡은 가죽 부대에 넣지 아니하나
니 그렇게 하면 부대가 터져 포도주도 쏟아지고 부대도 버리게 됨이라 새 포도주는 새 부
대에 넣어야 둘이 다 보전되느니라

1. 세례침례 요한의 제자들이 금식에 대하여 가진 이해는 무엇이 잘못되었습니까? 14절

2. 혼인집 손님들이 신랑과 함께 있을 동안에는 슬퍼할 필요가 없다는 말씀의 의미는 무엇입니까? 15절

3. 생베 조각과 낡은 옷은 각기 무엇을 상징합니까? 16절

4. 새 포도주의 의미는 무엇일까요? 17절

5. 그리스도인이 금식기도를 해야 하는 때는 어떤 때입니까? 14-17절

금식기도 후 보호식과 관리

금식기도는 분별력을 가지고 행하면 육체적, 정신적, 영적 유익을 제공합니다. 하지만 금식기도와 관련한 모든 것에 있어서 율법의 굴레에 얽매이지 않도록 주의하며 성령의 인도함을 따라야 합니다갈 5:18. 특히 금식기도의 전후에 점검해야 할 사항들을 잘 살펴야 금식기도를 무리 없이 마칠 수 있습니다.

1. 보호식의 중요성

1) 금식의 작정

장기 금식을 작정하는 경우에는 반드시 금식기도의 경험과 지혜가 풍부한 검증된 목회자나 영적 멘토를 만나 상담한 후 금식 기간을 결정해야 하며, 금식 이후의 보호식 계획도 세워야 합니다. 가급적 검증된 주류 교단의 전문 금식기도원에서 전문 사역자를 통해 조언을 얻는 것이 바람직하며, 출석 교회의 담임 목회자 또는 금식기도의 노하우가 충분히 축적된 경험 많은 목회자와 상의하여 기도 제목을 확증하고, 금식 기간과 보호식 계획을 수립하는 편이 좋습니다.

2) 보호식의 역할

보호식은 음식 섭취를 중지한 금식 기간 동안 기능을 수행하지 않은 신체 장기가 부드럽게 제 역할을 담당하도록 도움으로써 신체의 회복이 용이하도록 하며, 금식 기간 동안 노폐물과 독소를 배출하여 건강해진 신체 기능을 유지하도록 합니다. 보호식을 섭취하는 기간은 금식 기간에 비례하여 정해야 하며, 개인의 건강 상태와 연령 등을 고려하여 결정해야 합니다. 7일 이내의 비교적 단기간 금식인 경우 보호식을 섭취하는 기간은 3~5일 사이에서 개인의 신체적인 상태를 고려하여 조절하면 되지만, 8일 이상의 장기 금식의 경우에는 가능하면 금식 기간 만큼 보호식을 섭취하는 것이 바람직합니다.

3) 육체의 건강과 영적 건강

보호식을 섭취하는 기간은 신체의 건강을 회복하는 기간이므로 과격한 신체 활동과 운동을 피하는 것이 좋으며, 신진대사 기능이 부드럽게 연결되도록 가벼운 산책, 스트레칭, 체조 등을 하는 것이 바람직합니다. 육을 입어 정신과 영이 그 영향을 받는 인간의 특성을 고려하면 보호식을 통해 신체를 관리하는 것의 중요성은 아무리 강조해도 지나치지 않습니다. 금식기도가 온전히 마무리되도록 하기 위하여도 보호식의 지혜로운 섭취는 필수불가결한 요소입니다. 금식기도의 성패가 금식 이후의 보호식과 관리에 달려 있다고 해도 과언이 아니기 때문입니다.

Q 먹든지 마시든지 무엇을 하든지 다 하나님의 영광을 위하여 하라(고전 10:31)는 사도 바울의 권면을 보호식에 적용한다면 그 의미가 무엇일까요?

2. 보호식 섭취 방법

1) 일반적 원칙

금식을 마친 후에는 음식의 양을 단계적으로 늘려가야 소화 기관에 부담을 주지 않습니다. 따라서 보호식 초기에는 3시간 간격으로 보호식을 섭취하다가 점차 시간과 양을 늘려야 합니다. 가급적 소화하기 쉬운 유동식, 즉 묽은 미음으로 시작해서 죽과 같이 무른 음식으로부터 조금씩 양을 늘려서 섭취해야 합니다. 장기 금식을 한 경우에는 초기에는 동치미, 미음, 죽으로 보호식을 하다가 어느 정도 신체가 보호식에 적응한 이후 간이 강하지 않은 스프, 소화하기 쉬운 야채, 산미가 강하지 않아 소화 기관에 큰 부담을 주지 않는 바나나와 같은 과일로 이어서 음식을 섭취하는 편이 좋습니다. 특히 보호식 초기에는 화학조미료가 가미된 자극적인 음식이나 기름기가 많은 음식은 피해야 합니다.

2) 금식 기간에 비례한 보호식 섭취

보호식은 금식 기간과 동일한 기간 동안 섭취하는 것이 바람직합니다. 일례로 1주일 금식했다면 1주일간 보호식을 통해 주의를 기울이는 것이 필요합니다. 하지만 금식 기간이 3일 이내로 비교적 짧다면 연령과 건강 상태에 따라 하루 반에서 이틀 정도로 줄여도 됩니다. 장기간의 금식을 마쳤다면 위장이 회복되는 기간을 충분히 갖는 것이 중요합니다.

그러나 장기간 금식을 한 경우에도 금식 후 2주가 지나면 위장의 기능이 거의 회복되기 때문에 어떤 음식이든 섭취해도 되지만 음식의 양을 절제해야 합니다. 금식 후 3주가 지났다면 금식하기 이전처럼 정상적인 양으로 식사해도 됩니다. 무엇보다도 금식 후에 자신의 상태에 대하여 관찰하며 욕심을 내지 않고 천천히 신체가 적응하도록 인내하며 절제하는 자세가 몸에 무리를 주지 않고 원만히 회복하는 비결입니다.

3) 보호식 일지의 기록

금식기도를 자주 하는 그리스도인의 경우 금식 기간과 비례한 보호식 섭취의 세부사항을 기록한 일지를 작성하는 것이 좋습니다. 이는 향후 금식하며 기도할 때에 자신의 신체와 영적 상태에 도움이 되도록 보호식을 섭취하는 데에 참고할 수 있을 뿐만 아니라 다른 성도가 금식기도 할 때에 조언을 제공하는 데에도 유익합니다. 보호식 일지는 가급적 구체적으로 작성하여 신체적 회복의 단계별로 반응을 기록함으로써 향후 섬세한 참고의 지침을 제공할 수 있습니다.

Q 육체적 강건함과 영혼의 잘됨은 어떤 관계에 있습니까? (cf. 요삼 1:2)

3. 금식 이후의 관리

1) 신체의 건강 유지

금식기도를 마친 후에 신체 장기가 휴식을 얻고 노폐물과 독소를 배출하여 회복된 건강을 유지하기 위하여 규모 있는 식생활의 습관을 유지해야 합니다. 골고루 영양소를 섭취하되 과식과 폭식을 삼가고, 화학조미료가 많이 들어 있는 음식이나 인스턴트식품을 자제하는 것이 필요합니다.

2) 자기 의와 교만의 경계

금식기도가 끝나면 사탄은 새로운 방법으로 우리를 시험합니다. 예수님을 시험하던 사탄은 시험에 실패한 이후에 단지 얼마 동안만 떠났을 뿐이며눅 4:13, 이후에도 계속해서 예수님의 십자가 구속의 사역을 방해했습니다. 그리스도인들에게도 마찬가지입니다. 사탄은 금식을 성공적으로 마친 그리스도인으로 하여금 다른 사람들의 금식 기간과 자신의 것을 비교하여 자기 의와 교만에 빠지도록 미혹합니다.

그러므로 그러한 교만의 유혹에 넘어가는 일이 없도록 겸손한 자세를 유지해야 합니다. 교회에서 예배를 드리고 나오는 성도가 이어폰을 꽂고 유행가를 흥얼거리며 나오거나, 험상궂은 얼굴로 자동차를 거칠게 몰고 나오는 것은 그 사람이 제대로 예배를 통해 하나님의 임재를 경험하지 못했다는 증거입니다. 마찬가지로 온전히 금식기도를 마친 그리스도인이라면 자신의 금식을 은연중에 내세우려는 자기 자랑과 교만한 마음을 경계해야 합니다잠 16:18.

3) 능력 있는 삶의 지속

금식기도를 성공적으로 마쳤다면 금식 기간 중에 체험한 은혜를 유지하기 위하여 자신의 연약함을 기억하며 더욱 적극적인 신앙생활을 영위해야 합니다. 사탄이 금식 기간을 잘 마치고 믿음으로 승리했다는 자만심을 통해 큰 능력을 보이라고 유혹할 때에 헛된 만용을 부리지 말고 믿음의 겸손함으로 대응하며 사탄을 물리쳐야 합니다약 4:6-7.

금식 기간과 횟수가 중요한 것이 아니라 금식기도를 통해 하나님의 뜻을 분별함으로써 하나님과 동행하는 삶을 살고, 성령의 인도하심을 따라 믿음으로 승리하는 삶을 사는 것이 중요함을 잊어서는 안 됩니다시 16:8-11. 무엇보다도 능력 자체보다 능력의 근원이신 하나님을 구하며 하나님과 동행하는 삶을 지속해야 할 것입니다살전 5:17.

Q 금식기도 후에 겸손한 마음을 유지하기 위해 어떤 계획을 세우면 좋을까요?

FASTING
PRAYER SCHOOL

적용을 위한 다짐과 실천

① 지난 한 주간 동안 나에게 베푸신 하나님의 은혜에 대하여 나누어 봅시다.

② 지금까지 '금식기도 후 보호식과 관리'에 대해 공부했습니다. 오늘 공부에서 느끼고 깨달은 바를 함께 나누어 봅시다 sharing time.

③ 금식기도의 기간과 보호식 섭취 기간이 비례해야 하는 이유는 무엇일까요?

④ 금식기도 이후 관리가 필요한 이유는 무엇입니까?

⑤ 금식기도 후 관리 방법에 대하여 설명한 성경 본문이나 구절을 찾아봅시다.

오늘의 과제 신체적, 영적 회복을 위한 금식기도를 함에 있어 주의해야 할 사항을 정리해 봅시다.

암송 구절

"내가 기뻐하는 금식은 흉악의 결박을 풀어 주며
멍에의 줄을 끌러 주며 압제 당하는 자를 자유하게 하며
모든 멍에를 꺾는 것이 아니겠느냐"

이사야 58:6

"Is not this the kind of fasting I have chosen:
to loose the chains of injustice and untie the cords of the yoke,
to set the oppressed free and break every yoke?"

Isaiah 58:6

금식기도 선포문

나는 금식기도 후 지혜롭게 보호식을 하고
겸손한 마음을 유지할 것을 결심합니다!

묵상 명언

육체의 금식은 영혼의 양식이다.

존 크리소스톰 John Chrysostom

부록 금식기도의 유형

	온전한 금식	간헐적 금식
특징	물만 마시며 하는 금식	건강보조형 차나 음료 등을 섭취하며 하는 금식
방법	모든 종류의 음식을 절식	보리차, 우엉차 등의 차나 흑초, 물에 타서 먹는 분말 등의 섭취
적용	문제해결과 기도 응답에 대한 간절함으로 전심기도에 집중하는 금식	연약한 신체 상태나 단식이 힘든 성도들이 간헐적 금식을 함으로 영적이고 육체적인 치유를 가져올 수 있음

다니엘의 부분 금식

특징

최소한의 가벼운 음식을
섭취하며 하는 금식

방법

고기나 탄수화물,
단단한 음식을 제외한 과일,
채소, 주스 등의 섭취

적용

금식에 대한 두려움이나
환경적 제약이 있을 때
금식에 대한 장벽을
낮추는 일상생활에서의
금식이자 건강 다이어트용
금식 방법으로도
활용 가능

부분 금식

특징

연속된 금식이 아닌
식사와 단식을
교차하며 하는 금식

방법

예) 격일 금식,
해가 떠 있는 동안에만 금식,
1주에 하루씩 금식하여
21주를 할 경우에 21일 금식 등
이처럼 금식의 방법은
융통성 있게 정할 수 있음

적용

일상생활에서
금식의 영성을 개발하고
또 공동체의
릴레이 금식기도로도
활용 가능

금식 기도학교

초판 1쇄 발행 | 2025년 7월 1일

지 은 이 | 이영훈
편 집 인 | 김영석
펴 낸 곳 | 세계교회성장연구원

등록번호 | 제 12-177호
주　　소 | 서울시 영등포구 은행로 59, 4층
전　　화 | 02-2036-7936
팩　　스 | 02-2036-7910
쇼 핑 몰 | www.pastor21.net

I S B N | 978-89-8304-366-5 03230

"무슨 일을 하든지 마음을 다하여 주께 하듯 하라" _골로새서 3:23

세계교회성장연구원(CGW, Church Growth Worldwide)은 한국과 세계의 모든 교회가 건강하게 부흥하고 성장하여 하나님께 영광을 돌리는 것을 목표로 목회자들의 영성과 리더십 개발과 평신도들의 영적 성숙을 위한 필독서를 출간한다. 모든 사역의 시작과 끝을 기도로 임하며 하나님 중심의 경영이 되게 한다. "무슨 일을 하든지 마음을 다하여 주께 하듯 하라"는 말씀을 마음에 새겨 하나님이 주신 출판의 사명을 기쁨으로 감당하고 있다.